CATÉCHISME

DU CRÉDIT FONCIER,

par

J.-C. LAMBERT

(DU DOUBS.)

> Le crédit foncier n'a besoin que d'être mieux étudié et plus générale-ment compris.
>
> CRAPEZ.

Paris,

COMON, ÉDITEUR,

COMPTOIR DES IMPRIMEURS-UNIS,

15, quai Malaquais, faubourg Saint-Germain.

—

1849.

Imprimerie de Léautey, rue Saint-Guillaume, 21.

AUX PAYSANS.

—

A vous, paysans , les vrais défenseurs et les pères nourriciers du pays !

A vous la dédicace de ce petit opuscule dont vos souffrances m'ont inspiré l'idée !

Chassez loin de vos paisibles demeures l'esprit révolutionnaire ; le remède à vos maux n'est pas dans une révolution nouvelle dont l'unique objet serait de favoriser les ambitions de quelques-uns au détriment de tous.

Respect à la religion, cette règle qui nous vient d'en haut, ce lien de fraternité qui nous vient de Dieu !

Respect à la Constitution qui a dicté les droits et les devoirs de tous !

Respect à la propriété que vous êtes appelés à améliorer et à conquérir par le *travail !*

Le travail ! voilà la propriété sacrée du paysan et la véritable richesse de la France ; une seule chose vous manque encore pour le rendre plus fécond et plus productif : le *capital !*

A la veille des élections , faites entendre votre voix puissante pour demander, comme un acte de justice, que le capital rayonne enfin jusqu'à vous.

J'ai cherché à tracer la route, c'est à vos mandataires à achever l'œuvre ; trop heureux si mes faibles efforts ont pour effet, comme ils ont pour but, le soulagement des véritables travailleurs.

J.-C. LAMBERT.

INTRODUCTION.

—

Notre époque, en se laissant envahir par le socialisme, a prouvé combien elle était avide d'améliorations, et combien elle éprouvait le besoin d'augmenter son bien-être intellectuel et matériel. Après avoir accueilli les utopies, elle a consenti à en faire l'essai, mais au milieu de tant d'aberrations et de doctrines plus ou moins subversives, on s'est bientôt aperçu que la plupart de nos idéologues remettent tout en problème sans rien résoudre; détruisent sans rien organiser, démolissent un château sans savoir si, avec ses matériaux, ils pourront reconstruire une chaumière; sèment partout le désordre et l'agitation au nom du peuple, dont ils se disent les défenseurs, sans même avoir compris ses intérêts les plus chers.

D'autres partis, n'écoutant que leur zèle, se croient les amis de l'ordre en restant fidèles à cette maxime de Louis XVIII : « *A côté du besoin d'améliorer se trouve le danger d'innover* » : ceux-là prétendent que tout est pour le mieux dans le meilleur des mondes; ils ne veulent lire l'avenir que dans le livre du passé, sans tenir compte des éléments de perfectibilité que la civilisation a sémés sur la terre; ils s'obstinent à ne pas voir que trente années de paix ont développé, en France, l'industrie, le commerce, le besoin de *bien-être*, et que c'est vouloir réagir contre un torrent indomptable que d'essayer de paralyser ce développement né de la surexcitation des forces productives.

Dans ce duel d'opinions extrêmes, le pays, tiraillé en sens inverse, reste dans l'ornière : rien ne marche, rien ne peut marcher, parce que, trompé par un mirage décevant, chaque parti a déserté la route qui devait conduire à la solution du problême social.

Le but de l'homme est de chercher son bonheur : c'est à améliorer son état social qu'il exerce incessamment son intelligence et épuise tous ses efforts. Mais comme il n'est pas donné au cœur humain d'être jamais satisfait, ou plutôt, comme il n'est pas dans la nature des choses humaines que les hommes naissent et vivent dans des conditions égales de position et de bien-être, il y a lutte continuelle, inévitablement entretenue ou surexcitée par des passions diverses, et sans cesse renaissantes.

Cet état de lutte permanente prend sa source dans deux causes bien distinctes : dans les exigences de nos besoins *matériels* et dans les exigences de nos besoins *intellectuels*, besoins qui se développent et se multiplient, plus ou moins impérieusement en raison directe des progrès de la civilisation.

Pour apprécier la justesse et la portée de cette dernière observation, il suffit : soit de comparer la place que tient dans les dépenses générales de la *consommation* l'homme modeste, vivant du produit de son champ ou du fruit de son travail, avec celle qu'occupe l'homme habitué au luxe et aux plaisirs du monde : soit de mettre en regard l'esprit de conformité et de sagesse qui est la conséquence de la vie laborieuse et sereine de l'un, avec l'esprit de convoitise et d'ambition insatiable qui est l'effet nécessaire de la vie besogneuse et agitée de l'autre.

D'où il faut logiquement induire que plus l'intelligence humaine prend d'activité et d'essor, plus nos besoins physiques et moraux s'accroissent : ou, en d'autres termes, plus la civilisation est avancée, plus il faut étendre les ressources à l'aide desquelles il devient nécessaire de donner satisfaction aux diverses natures de besoins qui en découlent; or, comme le développement des besoins *intellectuels* implique toujours celui des besoins *matériels*, il faut forcément conclure de cette connexité que la question *politique* est inséparablement liée à la question *financière*; que disjoindre ces deux questions et vouloir résoudre l'une sans, en même temps, résoudre l'autre, c'est manquer le but, c'est mentir à la logique, au bon sens, à la raison et aux enseignements de l'expérience.

Analysons les faits : sans imiter les partis qui tournent rapidement les pages de l'histoire qui contredisent leurs idées préconçues, si nous lisons, sans prévention, ce grand livre de l'expérience, nous y verrons, le plus souvent, les questions politiques occuper le second rang dans les changements de gouvernements.

La révolution de 91 ne voulait pas d'abord abolir la royauté ni les titres de noblesse; mais seulement les droits seigneuriaux, qui, absorbant le revenu du travail, créait pour le noble un luxe effréné et pour le serf la misère. A peine ce but a-t-il été atteint qu'il fut presqu'aussitôt dépassé, et que toutes les digues furent successivement rompues, sans mesure.

En 1830, c'est au cri de *vive la Charte!* que la révolution a éclaté, et cependant on renversa une dynastie.

Il en fut de même en Février 1848. C'est au cri de *vive la Réforme!* que le principe monarchique constitutionnel a été proscrit : là encore la question politique fut le prétexte et non la cause efficiante de ce grand cataclysme. Si nous recherchions la véritable origine du mal qui a miné la branche cadette, nous la trouverions moins dans les fautes et l'imprudence du pouvoir d'alors que dans les abus de l'aristocratie financière qui engendra *l'Agiot*, *l'Usure* et la *Corruption;* c'est surtout contre ces plaies sociales que s'éleva le cri de Réforme.

Malheureusement notre jeune révolution a eu, à l'exemple de ses aînées, la triste conséquence de frapper mortellement et simultanément le *crédit public* et le *crédit privé;* c'est-à-dire, de fermer tous les canaux industriels et financiers par lesquels se distribue la richesse publique, en alimentant le travail.

Le principe de la démocratie *pure* a été substitué au principe de la démocratie *mixte*.

La République a donné le suffrage universel, l'Assemblée nationale a doté le pays d'une Constitution qui a proclamé, à la face du ciel, les droits et les devoirs de tous ; l'instruction est libre, les titres et les priviléges sont abolis, etc., etc., on peut dès-lors considérer la *question politique* comme résolue. Si ceux qui demandaient des réformes ne sont pas satisfaits, il faut avouer qu'ils sont trop exigeants.

D'où vient donc que l'ébranlement profond de la société, loin de s'apaiser, semble s'aggraver de jour en jour ? D'où vient que toutes ces réformes politiques et la Constitution ont été reçues avec autant d'indifférence que des lettres mortes par le peuple et les réformateurs eux-mêmes ? D'où vient enfin que l'horizon est toujours aussi gros de tempêtes qu'aux premiers jours de la révolution ?

Proclamons-le bien vite et bien haut : c'est qu'il ne suffit pas de donner au peuple des *droits*, il veut du *bien-être ;* c'est que l'*usure* et la *crise financière* dévorent plus que jamais l'Etat, la terre, l'industrie et le travail ; c'est que notre Assemblée, se traînant à la remorque des vieux errements du crédit général, n'a pas même ébauché la grave *question financière*

Bien peu clairvoyants sont ceux qui cherchent ailleurs la cause vraie et flagrante de l'état de torpeur et de marasme qui ruine le pays.

Bien mal inspirés sont ceux qui croient que la confiance peut renaître, qu'un gouvernement régulier, quel que soit son nom, puisse acquérir de la stabilité sans au préalable avoir résolu le problème du crédit public et notamment du *crédit foncier et agricole*.

La France, affectée d'une maladie chronique, se tourne et retourne sur son lit de douleur, espérant en vain trouver du soulagement dans le changement de ses médecins : quand le mal est dans les choses, on cherche inutilement le remède dans les hommes.

Les changements successifs des ministres, la proclamation de la Constitution, la nomination même du président, tous ces actes politiques dont l'importance avait fait naître tant d'espoir, ont-ils fait avancer d'un pas vers le port tant désiré ? Non! car la révolution est au corps social ce que la fièvre est au corps humain; pour recouvrer ses forces épuisées par la maladie, il faut au malade autre chose que de l'*air* et du *soleil;* de même pour reconstituer le crédit général, englouti par la trombe révolutionnaire, il faut autre chose que la *confiance* et des *économies.*

Résumons-nous.

Tout gouvernement qui bornera sa mission à la solution des questions politiques tournera dans un cercle vicieux. Tant qu'il n'aura pas fait pénétrer le *bien-être*, ce but final de l'homme, jusque dans les dernières couches de la société, le peuple sera en fermentation et ne sera jamais satisfait d'aucune forme quelconque de gouvernement.

Pour qu'un pouvoir puisse accomplir paisiblement sa tâche, à l'ombre de nos institutions nouvelles, il faut qu'il s'occupe promptement de détruire l'*usure* en créant, avec sagesse et sécurité, des *Banques nationales de crédit*. C'est le puissant moyen de mettre fin aux désastres de la crise financière, et de faire surgir enfin les éléments nécessaires au bien-être et au progrès de la civilisation.

CHAPITRE PREMIER.

DE L'USURE ET DE SES CONSÉQUENCES.

Rien ne suffit aux gens qui nous viennent de Rome,
La terre et le travail de l'homme
Font, pour les assouvir, des efforts superflus ;
Retirez-les : on ne veut plus
Cultiver pour eux les campagnes.

Le paysan du Danube.

« On peut regarder le taux de l'intérêt, dit
« Turgot, comme une espèce de niveau au-dessous
« duquel tout travail, toute culture cesse. C'est
« comme une mer répandue sur une vaste contrée;
« il suffit que l'eau monte ou s'abaisse d'un pied
« pour inonder ou rendre à la culture des plages
« immenses. » Comment espérer, en effet, que
l'agriculture, l'industrie et le travail, ces trois
éléments essentiels de l'ordre social puissent prospérer lorsqu'ils sont exploités par le capital ;
lorsqu'il n'y a pas un juste équilibre entre le revenu
du numéraire et le produit du travail ?

La première condition de vie et de prospérité
pour l'industrie, comme pour l'agriculture, est dans
une répartition équitable entre les bénéfices du
prêteur et de l'emprunteur : tout gage de durée
cesse si la richesse de l'un doit nécessairement
entraîner la ruine de l'autre.

C'est là le niveau dont Turgot parle avec un
sens si exquis; c'est ce manque d'équilibre qui
constitue *l'usure* dont les conséquences sont *la
ruine de l'État, de la terre, de l'industrie et du
travail.*

L'USURE RUINE L'ÉTAT.

« Les finances soutiennent l'Etat comme la « corde soutient le pendu », dit Montesquieu, et c'est vrai.

Le dernier emprunt du gouvernement a été négocié à 75 fr. 25 cent. p. 0/0; sans faire ici la momenclature de tous les emprunts précédents, posons en fait que l'Etat n'a encaissé que 80 p. 0/0, en moyenne, abandonnant 20 au profit de la haute finance. Ainsi la dette consolidée étant de. . . . . 5,891,044,368 f.
le trésor public n'a reçu
en effectif sur les emprunts
que 4,712,835,495

Il y a eu perte à la né-
gociation de . . . . 1,178,208,873 f.

Les richesses de la France, l'engagement solennel pris, au nom de tous, par l'Etat, étaient des garanties suffisantes pour que MM. les financiers se contentassent de l'escompte légal et équitable de 5 p. 0/0. Leurs bénéfices, restreints à 300 millions 789 mille francs, eussent encore été près du double du produit de leur argent, s'ils avaient dû le placer en terres.

Veut-on juger par un exemple comment les financiers ruinent l'Etat? Lors de la confection des chemins de fer, n'a-t-on pas vu le gouvernement d'alors emprunter à 4 p. 0/0 aux banquiers pour les confectionner, puis livrer ces mêmes chemins aux mêmes banquiers à 3 p. 0/0?

Ne vous y trompez pas; lorsque la nation, obéissant à un mouvement fébrile d'indignation, poussa son cri de réforme, c'est particulièrement à vous financiers qu'elle s'adressait! Les commerçants, les propriétaires, les cultivateurs, se révoltaient à l'idée d'être pressurés jusqu'au sang pour dorer vos lambris, entretenir vos courtisanes, faire courir vos chevaux anglais ; scandalisés par vos fortunes colossales, ils se refusaient à combler, par l'augmentation successives des patentes et des impôts, le gouffre que vos mains avides avaient creusé dans le trésor public.

Nous payons déjà 455 millions d'intérêts pour la dette nationale; le trésor est à découvert de plus de 245 millions ; nous avons un budget d'un milliard 800 millions : voilà où les financiers nous ont conduits; Dieu seul sait où nous nous arrêterons et comment nous nivellerons cet abîme.

On a parlé d'économies et d'emprunts nouveaux.

Des économies! où les puiseriez-vous? Ce n'est plus sur le budget de la guerre quand toute l'Europe est en armes et tous les partis en fermentation; à qui demanderez-vous des économies quand le trésor public est à sec et que les caisses particulières sont épuisées? N'est-ce pas vouloir glaner dans un champ après qu'il vient d'être labouré?

Nous applaudirions de grand cœur à toute économie; nous verrions avec bonheur les ministres, les représentants du peuple, les préfets, les amiraux, les généraux et tous les hauts fonctionnaires faire hommage à la patrie d'un tiers de leurs traitements ; mais permettez-nous d'abord de ne pas y croire.

Depuis un an, nous vivons sous le régime démocratique le plus complet qui ait jamais existé : quelles économies avez-vous faites ? Eussiez-vous soulagé le budget de 300 millions , ne voyez-vous pas que ce serait au profit du principe démocratique qui vous entraînera toujours à diminuer, un à un, les impôts qui pèsent plus particulièrement sur le peuple ?

Vous ne recommencerez pas impunément l'expédient des 45 centimes ; vous n'avez-pas, comme en Angleterre, *l'incom-taxe* pour couvrir les déficits occasionnés par l'abolition du timbre des journaux, par la réduction de l'impôt du sel et de la taxe des lettres : ces déficits, que vous croyez momentanés, n'en augmentent pas moins les embarras financiers de l'Etat.

Des emprunts! qui est assez riche aujourd'hui pour vous prêter ; qui aura assez de foi dans l'avenir pour vous confier sa fortune ? A quel taux ferez-vous ces emprunts ? comme nous vous êtes convaincus de l'immense difficulté de résoudre ces questions; comme nous vous savez que pour contracter un emprunt nouveau, il faudrait faire d'énormes sacrifices. Semblables à ces fils de famille qui escomptent près des usuriers, leur héritage à venir, vous ne tarderiez pas à consommer la ruine du trésor.

Mais, direz-vous, nous avons la Banque de France. Nous vous demanderons d'abord de quel poids elle pèse dans la balance des besoins financiers de l'Etat; son capital bientôt englouti entraînerait la ruine complète du commerce auquel vous auriez enlevé sa dernière ressource. Que la Banque prête à l'Etat comme un voisin à un commerçant pour parfaire sa fin de mois, voilà tout ce qu'elle peut; mais il n'y a là ni remède, ni espérance fondée.

Puisque nous sommes conduits sur ce terrain, examinons, en passant, les prétendus avantages de l'Etat dans ses négociations avec la Banque.

Demandons-nous d'abord : qu'est-ce que la Banque de France?

C'est une société d'actionnaires à laquelle le gouvernement a concédé le privilége de créer du *papier-monnaie* jusqu'à concurrence de deux tiers en plus de son *capital réel*; d'où il résulte que son numéraire, prêté à 4 p. 0/0, lui rapporte plus de 11, en raison de son chiffre nominal de circulation.

Lorsque l'Etat a emprunté 150 millions, donnant 75 millions de rentes et 75 millions de bonnes forêts en échange de *billets ayant cours forcé*, tout le profit n'est-il pas du côté de la Banque qui reçoit, par an, six millions de prime, sans compter les bénéfices réalisables sur le taux d'émission de la rente. Il est évident que des combinaisons financières de cette nature ruinent l'Etat en altérant son crédit.

Nous convenons que la Banque a rendu service au gouvernement, ce n'est donc pas à elle que nos reproches s'adressent; mais bien au système financier qui a réduit l'Etat à la cruelle nécessité de recourir à de pareils expédients. D'où vient donc le crédit de la Banque? si ce n'est du privilége concédé. Quoi! l'Etat donne à une société le droit de faire 1000 francs de numéraire en un billet; puis, obligé de tendre la main à sa protégée, il emprunte pour 40 francs ce même billet qui coûte 50 centimes de fabrication !

Quoi ! nos ministres ne savent pas se réserver l'exploitation d'un semblable Pactole, eux, dont la mission est de sauvegarder les interêts de tous ! mais non, la camarilla financière, assise au chevet de tous les pouvoirs, a trop d'avantages à ruiner l'Etat à son profit, pour que la France ne reste pas à la discrétion d'une compagnie privilégiée.

Tous ces systèmes, aussi faux qu'impuissants, tous ces expédients et ces emprunts ruineux, conduisent au bilan la nation la plus riche en sol, en numéraire et en intelligence. La France se trouve écrasée sous le poids d'une dette de 6 milliards 800 millions, quand l'Angleterre, plus pauvre en revenu, mais plus riche en nationalité et en hommes d'Etat, grandit et prospère à l'ombre d'une dette de 25 milliards.

O Sully ! o Colbert ! o Turgot ! prenez en pitié nos nains politiques dont le principal mérite est de danser, avec plus ou moins d'agilité, sur la corde raide de l'opinion publique ; mais pour le bonheur du pays, pas un n'a su féconder les germes de prospérité que vous aviez semés dans des temps plus difficiles.

Ombres de Pitt et de Canning, et vous Robert-Peel ! riez de notre belle France qui n'a pu encore enfanter un homme.

L'USURE RUINE LA TERRE.

> Le jour où la propriété ne sera plus dévorée par l'usure, ce jour-là l'agriculture, qui ne marche que d'un pied, aura deux ailes et prendra son essor.
>
> GIRARDIN.

Les besoins indispensables de l'homme étant de manger, boire et se vêtir, la terre seule pouvant y satisfaire, les questions sociales se résument dans l'accroissement des produits du sol et dans la diminution du prix des subsistances, parce que là se trouvent les éléments de *bien-être* et les moyens d'éteindre la *misère*.

En bonne politique, l'accroissement des moyens de subsistance doit toujours précéder celui de la population. Le pouvoir devait donc protéger de toute sa sollicitude la terre, cette mère nourricière de la France.

Loin de là, jusqu'à ce jour, nos gouvernants ont eu l'imprévoyance de suivre la route contraire. En vain les a-t-on avertis que la population, augmentant par millions, il fallait songer à lui donner du pain ; en vain leur a-t-on prouvé que le sol de la France pouvait produire un tiers en plus de son revenu actuel ; rien n'a pu les éclairer, rien n'a pu les détourner de la protection exclusive dont ils entouraient l'*Agiot* ; rien, enfin, n'a pu les arrêter sur cette pente fatale qui devait conduire à une révolution.

Le ministère crut qu'il suffisait d'envoyer des graines, de créer des fermes modèles, de projeter des organisations agricoles : Erreur et déception ! le plus habile professeur, le plus fécond producteur, c'est l'intérêt privé. Sous Louis XIV, lorsque les serfs travaillaient pour les seigneurs, la production agricole de la France ne s'élevait qu'à 1 milliard 500 millions ; c'est-à-dire 77 francs par habitant ; depuis l'extinction de la dîme, alors que chacun put cultiver pour son compte , ce même sol produisait déjà , en 1840, plus de 7 milliards 502 millions, ou 224 francs pour chaque individu.

Si depuis longtemps l'agriculture reste stationnaire, si nous avons encore près de 8 millions d'hectares en friche, est-ce manque de bras, de besoins ou de bonne volonté? Non ! c'est que la terre et le travail des champs sont exploités par l'*usure*, et que cette production , dit Turgot, ne saurait augmenter tant que le capital ne sera pas descendu à son niveau.

Il est mathématiquement impossible au *prolétaire* de défricher ; n'ayant pas de garantie à offrir, il ne trouvera pas à moins de 15 pour 100 l'argent dont il a besoin pour vivre, pendant deux années, avant de jouir des fruits de son travail. Dans la perspective de voir la terre arrosée de ses sueurs passer dans les mains de l'usurier, le paysan s'abstient ou déserte son village pour venir encombrer les grandes villes , en qualité de domestique et d'ouvrier.

Le petit propriétaire veut-il recourir à l'emprunt pour agrandir ou améliorer sa culture? de ce jour-là le ver rongeur est entré dans la famille et la pousse fatalement à sa ruine. Si , pour acheter une pièce de terre le cultivateur emprunte 500 francs, en donnant hypothèque sur son champ patrimonial, estimé 1,000 francs, le taux du prêt et les frais de l'emprunt s'éleveront, d'après les chiffres officiels, à 7 et demi pour 100 ; or, comme ses champs n'auront toujours qu'une valeur réelle de 3 pour 100 , il s'ensuit que les 4 1/2 à payer en plus font annuellement 22 francs de perte, et, par l'intérêt composé, 500 francs en quinze ans sept mois.

Ce brave cultivateur devra alors :

Argent prêté.	500 fr.
L'intérêt composé.	500
	1,000 fr.

Si son travail a suffi à peine pour la nourriture de sa famille et le paiement des impôts, dans l'impuissance où il est de rembourser, le prêteur lui fera payer, en frais d'expropriation, de 450 à . . 500

Total. . .	1,500 fr.

c'est-à-dire le montant de la propriété hypothéquée et du champ acheté ; et, pour que le paysan ne reste pas encore débiteur , il faut admettre que l'expropriation n'aura pas réduit l'estimation première des propriétés.

Ici, rien n'est exagéré ! consultez les actes d'emprunts ; parcourez les dossiers judiciaires d'expropriation forcée, et, sur mille cas, vous en trouverez neuf cents où les faits se passent comme nous venons de l'indiquer.

Voilà les conséquences du prêt que l'on est convenu d'appeler , sinon légal, du moins honnête ;

que dire des prêts *à réméré* et de ceux qu'on a bien voulu qualifier d'usuraires lorsque le taux de l'intérêt est porté à 12 ou 15 pour 100. La ruine du cultivateur est consommée en quelques années.

Quand on sait que les propriétés sont grevées de 10 milliards d'hypothèques, il était inutile de multiplier les enquêtes pour s'informer des moyens de soulager les travailleurs des champs ! Voulez-vous franchement améliorer l'agriculture , faites que *l'usure* et votre législation spoliatrice ne dévore pas la terre ! acceptez les moyens que vous offre le crédit foncier pour abaisser l'intérêt au niveau de la production agricole : alors le paysan, pouvant vivre et élever sa famille, restera. attaché au toit paternel comme la chèvre au buisson qui la nourrit ; alors seulement, au jour de l'émeute, le pouvoir n'entendra plus ces travailleurs, demander du pain, quand la crise industrielle les aura jetés sur le pavé.

L'USURE RUINE L'INDUSTRIE ET LE TRAVAIL.

> Le travail est la propriété de ceux qui ne possèdent point la terre ou les capitaux ; c'est la propriété la plus sacrée de toutes.
>
> DE BARANTE.

Le capital considéré comme le principal moteur de l'industrie, n'est cependant pas la véritable richesse : c'est le *travail* qui enrichit une nation, parce qu'il est le père du *produit*, que le produit

est l'aliment de la *consommation*, et que la consommation, c'est la *vie*.

Le *capital* n'a donc pas le droit de commander
en maître aux travailleurs, car par lui-même il
serait stérile si le *travail* ne venait le féconder.

L'industrie et le travail sont exploités de deux
manières : par l'usure et la disparition subite du
crédit.

L'usure est plus facile à reconnaître dans ses
effets qu'à définir d'une manière précise dans les
transactions commerciales.

D'un côté, il est juste que le banquier retire de
ses capitaux un intérêt proportionnel aux bénéfices
de l'industriel, et surtout, aux chances du péril
du capital : *propter damnum emergens*. Toute
la question se résume à savoir s'il y a répartition
équitable entre l'industriel et le banquier lorsque
celui-ci prête à 7 p. 0/0, non pas son argent, mais
sa signature, puisqu'avec cent mille francs d'espèces, il peut faire un million d'escompte.

D'un autre côté, si vous interrogez les fabricants
et les commerçants soumis à cette circulation de
papier de 7 à 8 p. 0/0, une grande partie vous
diront qu'après avoir été ruinés par l'usure, ils ont
été obligés d'abandonner leurs fabriques ou leurs
fonds de commerce au profit du banquier.

Selon nous, ces résultats fâcheux ne sont pas
dûs seulement à la trop grande élévation du taux
de l'escompte, mais surtout à l'insuffisance et à
l'imperfection de notre système financier, qui, à
la moindre crise politique, expose le crédit à
disparaître subitement, abandonnant ainsi l'industriel au milieu de ses opérations. Que peuvent

les banquiers pour arrêter les désastres de leurs clients, lorsque le grand réservoir où ils vont puiser se tarit et quand la Banque de France leur intime l'ordre de fermer leurs caisses ?

Souvent on a dit que la Banque rendait de grands services au commerce : le mot *service* nous paraît mal choisi; on ne peut nier son *utilité*, comme seul grand établissement de circulation commerciale, mais il serait facile d'avoir infiniment mieux. Comme société privée, la Banque ne consulte que ses propres intérêts sans se préoccuper des crises politiques ou commerciales : en un mot, elle fait des *affaires*, mais ne rend pas de *services*.

Sur un actif de 500,852,749, la Banque, au 20 avril 1848, n'avait en cave que 88,739,155 en argent, lingots et espèces des comptoirs. Avait-elle lancé son numéraire dans la circulation pour favoriser l'industrie et payer à la France la dette de reconnaissance qu'elle a contractée, en raison de son privilége? Non, sans doute : avant la révolution de Février l'horizon politique était serein, le commerce se développait, la Banque multipliait ses escomptes pour augmenter ses bénéfices; ils devinrent si considérables que ses actions de 1,000 fr. s'élevèrent, le 2 juillet 1840, au chiffre de 3,800 f. Voilà les *services* que la Banque se rendait à elle-même.

Après avoir prélevé de si énormes bénéfices sur l'industrie et le commerce, il paraissait équitable que la Banque ne les abandonnât tout d'un coup. Cependant, dès la première panique, elle a fermé son comptoir d'escompte et exigé la rentrée de ses capitaux dans le plus bref délai possible. Nous avons vu qu'au 20 avril 1848, la Banque n'avait dans ses caves que 88,739,135 fr., aujourd'hui, 22 mars 1849, son actif est en espèces et lingots de 328,054,164 fr. C'est donc 239 millions de numéraire retirés, en onze mois, de la circulation commerciale : Sont-ce là ces *éminents services* que l'on se plait à prôner de toute part ?

Mais, dira-t-on, c'est un établissement utile, prévoyant, bien administré, qui mérite toute confiance ; ce sera tout ce que vous voudrez, excepté une *Banque de France*, puisqu'elle ne fonctionne qu'au profit des banquiers assez riches pour se faire ouvrir un crédit.

Pour le *fabricant*, le *commerçant*, le *propriétaire*, le *cultivateur*, le *travailleur*, rien, toujours rien ! Le gouvernement n'ose pas les faire participer au crédit général dans la crainte de porter ombrage aux gros bonnets de la finance. Voilà le plus grand *service* que la Banque de France ait rendu, c'est d'étouffer, dans leurs berceaux, tous les projets financiers capables de raviver le commerce et le travail en généralisant le crédit.

Voyons maintenant s'il n'y aurait pas un immense bénéfice pour l'industrie à ce que l'Etat gardât les priviléges dont il est si libéral envers une compagnie. Le pouvoir intéressé à la tranquillité et à la prospérité publique, pourrait généraliser les escomptes, diminuer le taux de l'intérêt: à l'aide de son crédit qui n'aurait d'autres limites que la richesse de la France, il pourrait prévenir les catastrophes commerciales, empêcher la fermeture des ateliers, assurer aux ouvriers les moyens de vivre de leur travail, éteindre enfin *l'assistance*, dégradante pour l'humanité, ruineuse pour le Trésor et stérile pour tous.

En France, la Banque c'est l'Etat ! quand elle a dit *non*, tout plie sous sa volonté absolue : les ministres ont les mains liées, les fabriques et les magasins se ferment, les ouvriers sont jetés sur le pavé et viennent demander du *pain* au gouvernement avec un *fusil*.

En Angleterre l'Etat c'est la Banque ! la compagnie, obéissant aux vœux de la nation, sait faire face à l'orage en prêtant largement son crédit à l'industrie. Aussi les Anglais, profitant de nos fautes, ont-ils acheté nos marchandises à vil prix, engorgé les Colonies de produits pour donner le coup de grâce à notre commerce d'exportation.

Pendant que nos financiers tiennent fermées les écluses des grands canaux de la circulation et du crédit; pendant que nos ambitieux se disputent un pouvoir éphémère et que les partis luttent pour conquérir la prérogative, les Anglais, riant de notre impuissance, de nos dissensions, de nos avocasseries, des systèmes d'organisation de nos utopistes, sauront bien nous créer une Irlande en France. Plus tard ils éleveront, sans doute, une statue en or massif portant cette inscription :

AUX DÉSORGANISATEURS DU TRAVAIL

ET DE L'INDUSTRIE FRANÇAISE,

L'Angleterre reconnaissante ! !

CHAPITRE II.

DES CRISES FINANCIÈRES.

—

> Que celui qui refuse des remèdes
> nouveaux s'apprête à des calamités
> nouvelles.
>
> BACON.

Nous avons signalé parmi les plaies sociales les *crises financières* qui se renouvellent à chaque secousse politique.

En disant que le numéraire métallique est une des causes des crises financières, c'est pour beaucoup de monde avancer un paradoxe, et cependant rien n'est plus vrai.

Il y concourt de deux manières : 1° à cause de son insuffisance; 2° à cause de la facilité avec laquelle il émigre ou disparaît.

Pour démontrer l'insuffisance du numéraire, par rapport au crédit et à la circulation nécessaire aux transactions commerciales de la France, il suffit de jeter un coup-d'œil sur les statistiques qui ont été faites à diverses époques.

Necker, en 1700, évaluait le numéraire de la France à 2 milliards 200 millions;

Moreau de Jonès, en 1834, le portait à 2 milliards 800 millions;

Michel Chevalier et Blanqui adoptèrent, en 1836, le chiffre de 1 milliard en or et 3 milliards en argent et autre numéraire;

Enfin, d'après M. Quinton, au 1er janvier 1845,

les états des diverses monnaies de la France établirent, de la manière suivante, la situation monétaire :

1° Pièces de 5 francs au type d'Hercule . . . .   106,237,257 f.

2° Pièces d'or et d'argent à l'effigie du premier Consul et de Napoléon. . . . . . . 1,415,854,493 f.

3° Idem, au type de Louis XVIII. . . . . 1,004,163,170 f.

4° Idem, au type de Charles X. . . . .   685,430,240 f.

5° Idem, au type de Louis–Philippe . . . . 1,715,798,957 f.

6° Monnaies en cuivre, à divers types. . . . .   52,877,203 f.

Total. . . . 4,980,361,320 f.

Admettons 5 milliards.

A cette époque, la France devait être riche, puisque d'après les économistes du temps, le numéraire en circulation dans tous les autres Etats de l'Europe n'était supérieur que d'un tiers à celui de la France.

Sans doute, la France était riche si nous considérons le numéraire comme appoint seulement des transactions commerciales; mais, pauvre, si en raison des besoins et du commerce, nous bâsons notre crédit sur l'argent. Répartissons, en effet, ces 5 milliards à une population de 35 millions, nous trouverons, par an, pour chaque habitant, 142 fr. 50 c. ou 29 c. par jour.

Que dirons-nous maintenant si le numéraire en circulation a diminué près de moitié depuis 1845. Suivant MM. Thiers et Goudchaux, il est réduit à 2 milliards 700 millions, c'est-à-dire 75 fr. annuellement, par tête, ou 20 centimes par jour (Voir *le Moniteur* du 11 octobre 1848).

Ces 2 milliards 700 millions ont-ils une circulation journalière? Non! car une notable partie est encore immobilisée momentanément. La réserve métallique de la Banque et de ses comptoirs était, au 22 mars, de. . . . . . . 328,054,164 f.

Si nous ajoutons à ce chiffre les fonds de caisse du Trésor, des banquiers, des receveurs-généraux, des grandes administrations et enfin des particuliers, nous trouverons au moins. . . . . . 171,945,836 f.

Total. . . . 500,000,000 f.

Ces 500 millions, qu'il faut retrancher de la *circulation journalière*, réduisent à moins de 17 centimes la part quotidienne de chaque individu.

Ces chiffres sont d'une effrayante, mais exacte vérité, puisqu'ils sont extraits du magnifique discours de M. Thiers contre le crédit foncier; magnifique discours où l'honorable prétendait prouver que le numéraire ne manquait pas en France, alors que son modeste traitement de représentant absorbe la part dévolue à 125 électeurs.

Voilà donc la majesté du veau d'or devant lequel chacun fléchit le genoux pour obtenir de sa libéralité 20 centimes par jour; voilà la puissance de ce roi des rois qui a pour palais la Banque, pour ministres les financiers, et pour serfs tous les travailleurs.

Au point de vue individuel, nous convenons que le numéraire métallique , en raison de sa valeur intrinsèque, a l'avantage d'être indépendant et de marcher de lui seul ; mais au point de vue général, il a l'immense inconvénient d'être étroitement limité.

Nous ne dirons donc pas avec un célèbre socialiste, *l'argent c'est du luxe,* nous ne nous plaignons que du peu ; nous chanterons encore moins avec le poète : *l'or est une chimère ;* mais tant que les flots de l'Océan Pacifique n'auront pas jeté sur les côtes de France quelques bancs de sable d'or de la Californie, nous soutiendrons que c'est une erreur de croire que l'or et l'argent sont les bases du crédit, du commerce et de l'industrie ; nous prouverons que c'est à l'insuffisance du numéraire et au préjugé que l'on attache à sa valeur, que sont dues, en partie, nos crises financières ; nous dirons, enfin , qu'il est urgent d'aviser aux moyens de suppléer à cette insuffisance.

Mais , dira-t-on , comment se fait-il que, malgré cette insuffisance du numéraire, le commerce marchait bien avant la révolution de Février ?

D'où vient que l'on pouvait satisfaire, non-seulement aux besoins journaliers , mais encore aux transactions les plus considérables ?

M. Quinton va vous répondre :

C'est, qu'en temps ordinaire , le capital public ne se compose pas particulièrement de numéraire, mais d'une infinité de valeurs représentatives de l'argent qui sont en circulation. Les statistiques portent ces valeurs *fictives* à 30 milliards, en comptant dans ce chiffre :

1º Les bons du Trésor ;

2º Les billets de banque ;

3º Les titres au porteur ;

5º Les actions négociables ;

6º Enfin, les effets de commerce dont le chiffre s'élève au moins à 25 milliards. Ajoutons que ces effets, passant de main en main, augmentent encore considérablement la circulation, car il n'est pas rare de voir une valeur commerciale servir, pendant les trois mois de son existence, à 8 ou 10 échanges avant de s'éteindre.

La France ayant besoin d'une circulation de 35 milliards, il est facile de comprendre pourquoi, à chaque révolution, nous tombons dans une crise financière aussi profonde.

Notre peu de numéraire effrayé rentre dans les pots de grès, il disparaîtrait presque complètement si l'impôt ne venait pas lui créer une circulation forcée. Notre milliard d'or passe à l'état fabuleux ; la Banque elle-même subit l'influence de cette panique universelle, puisqu'en onze mois 328 millions sont venus s'enfouir dans ses caves.

La disparition d'une partie du numéraire ne serait encore qu'un demi mal ; mais, d'un autre côté, le *crédit fiduciaire* étant perdu, les 30 milliards de *valeurs fictives* se réduisent à 10 ou 12 milliards. Aussi, il n'a rien moins fallu que le *cours forcé* des billets de banque pour que nous puissions nous traîner encore dans l'ornière où nous vivons. Sans ce décret, demandé et accordé beaucoup trop tard, notre dernière ressource financière était épuisée puisqu'après avoir payé, en numéraire, 10 millions, en un seul jour, la Banque ne possédait plus, au 15 mars 1848, que 59 millions.

Les mille échos de la presse répètent de toute part : Confiance ! Confiance ! l'argent reparaîtra, le crédit renaîtra. Mais c'est répondre à la question par la question : de la *confiance*, en qui et à quoi ? quel génie ou quel principe sont restés debout pour fixer cette infidèle ? de quel côté faut-il se tourner pour trouver enfin cette confiance ?

Tous les partis crient à tour de rôle : *Rangez-vous sous notre drapeau et la confiance va reparaître*; comme si chacun d'eux avait escamoté à son profit cette déesse protectrice pour la lancer sur la France au jour de son triomphe.

Plaçons successivement sur le trône ou le fauteuil de France les chefs de tous ces partis belligérants; admettons qu'ils fassent rentrer tout l'argent dans la circulation; mais, encore une fois, la question n'est pas là, nous venons de vous prouver que 20 centimes par tête ne sont pas un remède pour guérir les souffrances de la nation.

C'est la confiance déçue qui use si vite les gouvernements, les hommes et les choses; c'est pour avoir eu trop de confiance dans les règnes précédents que nos valeurs fiduciaires se sont élevées à 30 milliards pour disparaître, tout-à-coup, de la circulation financière à chaque fuite de roi, à chaque changement de pouvoir. Notre seule ressource est d'aviser au moyen de nous passer de cette confiance inconstante. Elle ne sera plus qu'un mot vide de sens du jour où notre *crédit* sera assis sur des bases *vraies*, au lieu d'être *fictives*. Voyons le mal où il est : c'est à notre imprévoyance, à notre défaut de système financier que nous devons toutes nos souffrances.

Qui dit prospérité d'un pays, dit *finance;* qui dit politique, dit *prévoyance.* Pitt fut un grand financier lorsqu'en 1797, il sauva l'Angleterre en ajoutant près de 2 milliards à son capital; Robert Peel et Cobden sont deux hommes politiques, parce que l'un a su prévoir, et l'autre dégager l'avenir. Prévoir les besoins de la France, au point de vue *matériel* comme au point de vue *moral,* accroître progressivement le *bien-être* des masses, voilà les moyens d'éteindre les révolutions.

On atteindra ce but, si l'Etat organise le crédit comme un instrument général du travail, depuis la capitale jusqu'au dernier des hameaux; si, par de larges institutions financières, rayonnant aux départements, puis aux cantons, il vient mettre le crédit à la portée des véritables travailleurs.

Les hommes les moins novateurs ont avoué qu'il était urgent de faire quelque chose; mais en attendant, on ne fait rien pour sauver la France de sa ruine. Tous les projets ont été rejetés par l'Assemblée, presque sans examen et avec cette indifférence qui frappe de mort toutes les questions qui ne sont pas du domaine de la politique. Parmi ces projets, le *crédit foncier* occupait, à juste titre, le premier rang. Comme les autres, il a dû succomber sous le mauvais vouloir et l'égoïsme de la haute finance. Là cependant était une planche de sauvetage. Puisqu'il s'agit ici du salut du Pays, qu'on nous permette de revenir sur cet arrêt, d'en appeler au tribunal de la nation et au jugement d'une Assemblée nouvelle.

CHAPITRE III.

DU CRÉDIT FONCIER.

___

> En Angleterre, comme en France, comme aux Etats-Unis, comme chez tous les peuples qui ont des institutions de crédit, on en viendra, nous le croyons, à ériger en monopole absolu le droit de battre *monnaie de papier*. L'unité du signe de la circulation s'établira tout aussi rigoureusement pour le papier que pour l'or et l'argent. (M. Léon Faucher, organisation financière de la Grande-Bretagne).

Le crédit foncier ne devait pas être considéré comme une mesure révolutionnaire, mais comme une réforme depuis longtemps nécessaire, comme un bienfait dans tous les temps et sous tous les gouvernements.

Quelles sont donc les causes *visibles* ou *occultes* de la réprobation dont ce projet a été frappé, non-seulement dans l'Assemblée nationale, mais encore par certains journaux influents?

La cause *visible!* la cause première, c'est l'ignorance où sont les masses à l'égard du mécanisme à l'aide duquel peuvent fonctionner le *crédit en général*, et les *finances de l'Etat* en particulier.

La cause *occulte!* nous en avons dévoilé le secret : la Banque de France, par l'organe de son gouverneur, ne dissimule pas son opposition. Elle ne tolérera aucune institution rivale de son crédit, sous quelque forme qu'elle se produise; point d'émission de *papier-monnaie* que le sien. Elle a signifié sa volonté dictatoriale aux ministres : *son monopole ou sa liquidation*.

En face de tant de mauvais vouloir, notre dernière ressource est d'en appeler au jugement du pays; c'est de faire comprendre le crédit foncier non plus aux financiers qui en apprécient peut-être trop la valeur, mais aux cultivateurs, aux propriétaires, aux industriels, aux commerçants et, enfin, aux ouvriers. Il faut que ce système pénètre jusque dans les dernières classes de la société, puisqu'il intéresse 30 millions de citoyens.

Ce travail, qui restera bien au-dessous du sujet, n'a d'autre but que de vulgariser cette grande vérité, en réunissant, dans un même cadre, les arguments pour et contre les plus propres à éclairer la question.

Il faut tout le courage qu'inspire une profonde conviction, tout le désir d'être utile à son pays pour oser rentrer dans l'arène où nous rencontrons de si valeureux champions pour adversaires. La tâche sera rude, ingrate peut-être, qu'importe! si ce projet, flot impuissant, doit encore se briser sur la rive et se dissiper en vapeur, nous aurons du moins rempli un devoir de conscience; si notre voix est trop faible, espérons que d'autres plus éloquentes viendront achever l'œuvre de régénération : trop heureux si nous avons pu jeter quelques grains de sable dans les fondations de ce grand édifice qui doit s'asseoir enfin sur les ruines de tant de systèmes erronés.

DÉFINITION.

—

Le crédit foncier a pour base : la terre, les immeubles et les établissements industriels.

Il a pour but :

1° De détruire l'*usure* en réduisant l'intérêt du capital au niveau de la production ;

2° De développer l'agriculture, pour amener la vie à bon marché ;

3° De protéger le commerce et l'industrie, et, parconséquent, de ressusciter et raviver le travail ;

4° De prévenir les *crises financières*, en substituant aux valeurs purement *fiduciaires*, qui sont des *valeurs fictives*, des *titres reposant sur de bonnes hypothèques*, et qui seront, celles-là, des valeurs *réelles* ;

5° De suppléer à l'insuffisance du numéraire et d'augmenter le roulement de circulation ;

6° Enfin, d'enrichir l'Etat en faisant entrer dans le trésor des sommes considérables dont il ne paiera pas d'intérêt et, parconséquent, de diminuer d'autant l'impôt.

Il y a trois points à examiner dans le projet du crédit foncier ; son organisation, ses avantages et la réfutation des objections.

CHAPITRE IV.

ORGANISATION DU CRÉDIT FONCIER (1).

On peut faire de la monnaie avec du papier pourvu que l'on ait le moyen de lui donner une valeur.

J. B. SAY.

CHAPITRE Ier.

GRAND LIVRE ET BONS HYPOTHÉCAIRES.

Art. 1er. Le ministre des finances ouvrira un Grand–Livre de *crédit hypothécaire*, et, au fur et à mesure des demandes, il émettra *un milliard* de *bons hypothécaires* , qui seront répartis aux divers départements de la France et divisés en coupons de 25, 50; 100, 200, 250, 500 et 1,000 fr.

Art. 2. Ces bons auront *cours légal* et produiront un intérêt de 3 p. 100 au profit du Trésor public.

---

(1) Le projet du comité de l'agriculture ayant été étudié avec soin , nous y puiserons les bases de l'organisation du crédit foncier en apportant les modifications qui nous ont paru utiles. N'ayant d'autre but que de discuter ici le principe et l'urgence du crédit foncier, nous avons dû réduire son organisation à la plus simple expression ; sans parler de l'intérêt à attacher aux bons hypothécaires; sans faire mention des systèmes de MM. Volowski, Cieszkowski, Léon Duval, etc. Toutes les modifications du crédit agricole demandent un examen comparatif plus approfondi, afin de choisir, entre tous, le meilleur système : avant tout, c'est le *principe* qu'il faut faire comprendre et admettre.

Ils porteront des numéros d'ordre , sans nom d'emprunteur, et auront trois souches, sur chacune desquelles sera inscrit la propriété hypothéquée, son estimation , la somme prêtée, le nom, la demeure et la signature de l'emprunteur.

L'une des souches sera déposée au ministère des finances, une autre chez le receveur général, et la troisième chez le receveur particulier, comme représentant le ministre des finances dans chaque département.

Le porteur des bons hypothécaires sera admis à faire toutes vérifications sur le registre à souche.

CHAPITRE II.

CONDITIONS DE L'EMPRUNT.

Art. 3. Tout propriétaire qui voudra devenir emprunteur aura droit à la délivrance de bons, moyennant affectation hypothécaire à la garantie de leur remboursement et du service des intérêts.

Art. 4. Le prêt ne pourra excéder, savoir :

1° Pour les biens ruraux. . 1/2

2° Pour les biens urbains ou maisons . . . . 1/3 de la valeur d'estimation

3° Pour les établissements industriels. 1/4

Art. 5. Dans chaque canton il sera créé un jury chargé de statuer sur la valeur des propriétés.

Il sera composé :

1° Du préfet ou sous-préfet ;

2° Du juge de paix ;

3° Du membre du conseil général ;

4° Du membre du conseil d'administration ;

5° Du maire du chef-lieu ;

6° Du receveur de l'enregistrement ;

7° Du percepteur des contributions ;

8° De l'inspecteur du cadastre ;

9° D'un architecte ;

10° Enfin du maire de la commune quand le jury procédera à l'estimation des propriétés de ladite commune.

Le jury procédera successivement à l'estimation des propriétés situées dans chaque commune, divisant la valeur des terres en première, deuxième et troisième qualité, pour fixer l'estimation de l'hectare suivant chaque catégorie. Mention sera faite sur la matrice cadastrale de la catégorie à laquelle appartient chaque propriété rurale.

Le mode d'aménagement des forêts sera déterminé par l'acte d'emprunt, sur l'avis du jury d'admission et la surveillance de l'administration forestière.

La valeur des maisons ou des établissements industriels sera fixée par le jury suivant leur importance et leurs valeurs relatives aux localités. Pour examiner les demandes, le jury se réunira le premier dimanche de chaque mois.

Toute décision du jury sera prise à la majorité absolue des voix et par cinq de ses membres au moins. Toutefois l'admission à l'emprunt ne sera définitive qu'en vertu d'une délibération du conseil spécial établi au ministère des finances , approuvée par le ministre et publiée conformément aux lois.

Toute décision sera rendue à bref délai et motivée.

Art. 6. L'emprunteur sera obligé de fournir à l'appui de sa demande :

1° Ses titres de propriété ;

2° La police d'assurance des propriétés bâties ;

3° Un état de transcription ;

4° Son contrat de mariage s'il est marié ou veuf ;

5° Un état des inscriptions hypothécaires grevant déjà la propriété, sinon un certificat négatif ;

6° L'état approximatif des propriétés qu'il entend affecter, soit d'après la mention portée à la matrice cadastrale pour la terre, soit d'après l'estimation du jury ;

7° Un certificat de son domicile réel et constatant qu'il n'est et n'a été ni tuteur, ni curateur, ni pourvu d'un conseil judiciaire, ni interdit, ni mort civilement.

Art. 7. Les propriétaires, non exploitant leurs propriétés rurales, seront tenus de verser 1/5 du montant de leur emprunt à leur fermier pour être employé à l'amélioration du fonds. Dans ce cas, le propriétaire jouira du privilége qui lui est accordé par l'article 2102 du Code civil, jusqu'au remboursement qui en sera fait, par le fermier, dans les termes convenus entre eux.

Art. 8. Nul emprunt ne pourra être contracté par un homme marié qu'avec l'obligation solidaire de sa femme.

Art. 9. Les tuteurs, curateurs, receveurs comptables de l'état, des communes, des administrations publiques, ne pourront contracter d'emprunt que moyennant une obligation solidaire et hypothécaire d'une caution, à moins qu'ils ne soient dûment libérés des faits relatifs à leur gestion.

Quant aux emprunts contractés au profit des mineurs, ils ne pourront avoir lieu sans une délibération du conseil de famille dûment homologué et indiquant le montant de l'emprunt et les biens qui y sont affectés.

Pour les emprunts faits par les communes, il faudra : une délibération du conseil municipal, une autorisation du maire, du sous-préfet et du conseil d'arrondissement.

Art. 10. Nul emprunt de bons hypothécaires ne pourra être inférieur à 200 francs, ni supérieur à 25,000 fr.

Art. 11. Les emprunts emporteront virtuellement subrogation dans les droits du créancier hypothécaire que le Trésor aura toujours le droit de rembourser. Ils seront contractés par actes notariés entre les emprunteurs et l'Etat, et inscrits au bureau des hypothèques de la situation des biens.

Le choix du notaire appartiendra à l'emprunteur.

CHAPITRE III.

INTÉRÊTS, REMBOURSEMENT ET ANNULATION DES BONS.

Art. 12. Les intérêts, à 3 p. 0/0, seront payés tous les ans, au percepteur des contributions, au prorata de la somme due, jusqu'à extinction du capital.

Art. 13. Les emprunts seront remboursés, quant au capital, soit en bons hypothécaires, soit en numéraire, *en vingt ans, par quatre paiements égaux, de cinq en cinq ans.*

Toutefois, l'emprunteur aura le droit de se libérer, par anticipation, en totalité ou par fraction qui ne pourra être inférieur à 200 francs.

Art. 14. Les remboursements seront faits à la caisse du receveur général ou du receveur particulier de la circonscription des biens affectés.

La quittance du dernier versement sera certifiée par le receveur général et par l'agent à la caisse duquel le versement aura été fait. Remise sera faite à l'emprunteur du titre constitutif du prêt, la radiation de l'inscription hypothécaire sera opérée en vue de la quittance pour solde dont il vient d'être parlé.

Art. 15. A défaut du paiement d'intérêt, les poursuites seront faites par le percepteur comme pour l'impôt ordinaire, et, à défaut d'un des remboursements le ministère des finances, dans le mois qui suivra l'échéance, fera poursuivre la vente des immeubles affectés à la sûreté du prêt. Après un commandement resté infructueux dans les dix jours, et, après deux appositions d'affiches, de huitaine en huitaine, la vente aura lieu, au choix du débiteur, soit à la barre du tribunal de première instance, soit devant un notaire indiqué par lui. Dans ce dernier cas, il sera commis un juge pour procéder à la vente.

Sur le produit de la vente, le Trésor public sera autorisé à recevoir, sans délai, le montant du remboursement échu. Le surplus du produit sera distribué à qui de droit.

Art. 16. Les bons émis seront annulés proportionnellement aux remboursements effectués ; à cet effet, il sera remis à l'emprunteur une somme de billets égale à son remboursement. Les bons ainsi restitués seront frappés d'un timbre emporte-pièce annonçant qu'ils sont retirés de la circulation. Ces opérations seront soumises tous les mois à l'examen de la commission dont il vient d'être parlé art. 5.

Art. 17. Le ministre des finances fera publier, tous les ans, dans la première quinzaine de janvier, la situation du grand-livre hypothécaire.

CHAPITRE IV.

TARIF DES FRAIS ET DÉPENS.

Art. 18. Les bons qui seront détachés du registre à souche, les certificats du juge de paix, de l'inspecteur du cadastre, du receveur de l'enregistrement, l'état estimatif du jury, la décision de la commission du ministère seront exempts du timbre et de l'enregistrement et seront délivrés gratuitement.

Les actes d'emprunt ne donneront ouverture qu'à un droit proportionnel de 1/4 p. 0/0 à l'enregistrement et l'inscription ne donnera lieu qu'à un droit fixe de 1 p. 0/0.

Les honoraires des notaires seront 1/4 p. 0/0 sans pouvoir être inférieurs à 10 fr., y compris les droits d'expédition. Les expéditions seront délivrées sur timbre à 1 fr. 25 cent. et contiendront 50 à 55 lignes par page et 35 à 40 syllabes par ligne.

CHAPITRE V.

MODIFICATIONS A LA LÉGISLATION EXISTANTE.

Art. 19. Les inscriptions affectées à la garantie des bons hypothécaires seront dispensées, pendant vingt ans, du renouvellement prescrit par l'article 2154 du Code civil.

Art. 20. Toute demande d'emprunt ne sera admise qu'autant que les droits et créances auxquels l'hypothéque légale est attribuée, auront été, dans le délai d'un mois, à partir de la promulgation du présent décret, et, par dérogation aux articles 2121 et 2135 du Code civil, rendus publics, aux termes de l'article 2136 et suivants du même Code. L'inscription sera spéciale et déterminée.

Quant à l'action résolutive, elle se confondra avec le privilége du vendeur et avec l'inscription de ce privilége.

Art. 21. Nonobstant toute convention contraire, l'emprunteur des bons hypothécaires pourra rembourser en tout ou partie les créances, mêmes non exigibles. Et, dans le cas où le créancier n'accepterait pas les offres réelles, le dépôt en sera fait, dix jours après, à la Caisse des consignations, et les intérêts cesseront de courir à partir du jour du dépôt.

CHAPITRE VI.

CLAUSES PÉNALES.

Art. 22. Tout individu qui frauduleusement hypothéquera un immeuble dont il saura n'être pas propriétaire, ou qui présentera comme libres des biens hypothéqués ou grevés d'usufruit et de rentes foncières ou autres ; ou enfin qui déclarera des hypothèques moindres que celles dont les biens sont chargés, sera puni d'un emprisonnement de six moins à deux ans, d'une amende d'un quart de la somme empruntée et qui ne sera pas moindre de 100 francs.

CHAPITRE VII.

REMISES ET RÉGLEMENT.

Art. 23. Le ministre des finances déterminera ultérieurement la forme des bons hypothécaires, le papier et les timbres à employer, les remises à allouer aux agents, ainsi que toutes les autres mesures d'administration et de garantie qui pourront être jugées nécessaires pour l'exécution du présent décret.

CHAPITRE V.

AVANTAGES DU CRÉDIT FONCIER.

> Il nous faut une nouvelle monnaie qui soit
> en même temps *signe* et *gage parfait*, c'est-
> à-dire, qui réunisse la valeur intrinsèque à la
> circulation parfaite du papier.
>
> CIESZKOWSKI.

Les longs développements de l'organisation du crédit foncier nous dispensent de commentaires pour prouver la facilité et la sécurité de son exécution; nous résumerons donc, avec M. Crapez, ce projet en ces termes: faire de la propriété immobilière un instrument de crédit, en rattachant au signe de ce crédit *la garantie réelle du prêt hypothécaire*; afin que cette propriété, qui constitue le capital *fixe*, puisse servir, en même temps, de capital *circulant;* sans que jamais le signe de ce capital mobilisé puisse être affranchie du *gage réel* qui fait sa valeur.

« Si les capitaux *fixes*, dit Cieszkowski, pou-
« vaient en même temps servir de capitaux *rou-*
« *lans*, et se dédoubler ainsi pour faire face à la
« fois à ces deux fonctions, ce moyen serait le plus
« grand moteur de l'accumulation des richesses et
« présenterait une force énorme au dévoloppement
« de toute industrie; or, ce moyen c'est le crédit
« dans sa conception normale et générale. » (Du crédit et de la circulation).

Ce vœu du célèbre économiste se trouve formulé par le crédit foncier: tout en devenant *monnaie circulante* la terre n'a rien perdu de sa fécondité productive: la maison abrite son propriétaire ou continue à lui donner le prix de ses loyers; la fabrique fonctionne et jette ses produits industriels dans le commerce.

Tout a acquis une nouvelle vie et doublé d'existence par le capital *mobile* qui met à même le propriétaire d'agrandir, d'améliorer, et, par conséquent, d'augmenter le revenu du capital *fixe* : de même que l'estomac nourrit les membres, afin que ceux-ci puissent fonctionner pour alimenter l'estomac.

Faire reposer le crédit sur la valeur immobilière, n'est-ce pas le rendre impérissable, comme la *chose* sur laquelle il est fondé? Nous demandons de bonne foi s'il est possible d'asseoir le crédit sur une base plus large, plus solide, plus fixe, plus inaltérable que sur la terre et les autres propriétés. Est-il un individu, un paysan, si simple qu'il plaise de le supposer, qui ne comprenne et ne considère un titre de créance hypothécaire comme une valeur équivalente à de l'argent? Hé bien! qu'est-ce que le *Bon hypothécaire?* si non ce titre mobilisé.

Arrivent les crises politiques, financières; arrivent la guerre et même l'invasion étrangère: qu'importe au porteur du bon hypothécaire? son gage n'a pas disparu et ne peut disparaître, à moins d'un cataclysme universel, et alors personne n'aura plus besoin de rien.

Ne faut-il pas, dans tous les temps, manger, boire, s'abriter et se vêtir? ce sont là les nécessités impérieuse de la vie matérielle; or, asseoir sur une telle base la création d'un nouveau signe monétaire; y rattacher par assimilation tout un système financier, c'est ouvrir une ère nouvelle de progrès humanitaire, c'est fonder une œuvre véritablement d'avenir.

Le mot papier-monnaie vous fait peur; mais dans la plupart des états, n'y a-t-il pas des banques immo-

bilières dont le crédit est parfaitement assis ? Le
papier-monnaie, garanti, n'a-t-il pas circulé et ne
circule-t-il pas encore comme moyen de salut et
comme élément de prospérité dans tous les pays ?
Voulez-vous des exemples dans le passé : « Sous
« Tibère , dit Tacite , le numéraire était devenu
« très-rare dans Rome : tous les créanciers reti-
« raient leurs fonds à la fois ; beaucoup de fortunes
« étaient renversées de fond en comble, et la rui-
« ne des biens entraînait celle de la considération
« et du crédit. Tibère vint enfin au secours et ou-
« vrit une banque de 100 millions de sesterces
« (20 millions de France), et donna facilité d'y em-
« prunter, sans intérêts, pendant trois ans, pourvu
« que l'emprunteur s'engageât envers l'État du
« double en hypothèque sur ses biens fonds, la
« confiance reparut peu à peu ; on trouva des prê-
« teurs parmi les particuliers , et l'Etat fut sauvé !
« (Règne de Tibère, liv. VI, § 17, éd. Panckouke).
   « En 1793, dit M. Crapez, la situation finan-
« cière de l'Angleterre était des plus critique. La
« banque ne possédait plus en caisse que 27 millions,
« bien que le chiffre de ses billets en circulation fût
« de 357 millions; mais il y avait alors à la tête du
« gouvernement anglais un homme de génie qui
« sut commander la confiance par son patriotisme,
« non moins que par la fermeté de son caractère,
« Pitt demanda résolument au Parlement l'autorisa-
« tion de faire une émission de billets de 25 à 50 fr.
« remboursables après la paix.
   « Sur la seule foi du grand homme d'Etat, le bil
« fut octroyé, des billets furent émis jusqu'à concu-
« rence d'un milliard 753 millions. Par cette mesu-

« re, le crédit, et avec le crédit le pays fut sauvé !
« Ces billets sont remboursés depuis plusieurs an-
« nées, sauf en Irlande ou en Ecosse, où il en existe
« encore quelques-uns. (Banque immobilière par
« l'Etat). »

Voulez-vous des exemples dans le présent? allez
en Silésie, en Allemagne, en Prusse, en Russie, en
Grèce, et vous y verrez les banques immobilières et
le papier-monnaie faire la base du crédit et de la
circulation.. L'Autriche ne vient-elle pas, tout
dernièrement, de déclarer que les 25 millions de
florins des billets du trésor seraient convertis en
coupons de 1,000 à 10 florins ayant *cours forcé?*

La Toscane ne vient-elle pas d'émettre 12 millions de billets hypothéqués sur les biens de la
couronne? ce serait ici le lieu de parler des anciens
assignats; mais nous renvoyons l'examen de cette
question au chapitre des objections.

Si le *papier-hypothéqué* vous épouvante, vous
êtes devenus bien timides depuis la République de
Février.

Comment a fonctionné le crédit de circulation
des monarchies, si ce n'est avec un papier bien
autrement éventuel? Qu'est-ce que les bons du
trésor et les billets de Banque? si non du papier-
monnaie; que sont tous vos papiers de titre au
porteur, d'actions négociables, de billets de commerce dont le chiffre s'est élevé à plus de 25
milliards? si non de simples promesses de payer
sans garantie de payement? et vous avez peur de
remplacer un milliard de ces valeurs fictives par
des bons hypothéqués !

Mais, objecte-t-on, les billets de Banque, les

bons du Trésor, les actions elles-mêmes, toutes les valeurs dites *fiduciaires*, peuvent instantanément, ou du moins à court terme, être échangées contre du numéraire, ce qui ne serait pas praticable pour le bon hypothécaire. Erreur et illusion ! Erreur, car le bon hypothécaire, bien garanti, se négociera évidemment à l'égal des bons papiers de circulation.

Illusion, car, comment entendez-vous que toutes vos valeurs *fictives* sont immédiatement réalisables contre écus ? pour que tout cela fût possible, il faudrait auparavant renouveler, pour les pièces de cinq francs, le miracle de la multiplication des pains. N'est-il pas absurde, en effet, de prétendre que vous avez la faculté de convertir, en argent, 25 milliards de valeurs représentatives, quand il n'y a, au maximum, que deux milliards 700 millions de numéraire dans toute la France.

Loin de nous la pensée de nier la valeur des bons du Trésor; mais il peut arriver telle secousse politique, telle guerre, tel déficit dans le budget, que la base de leur garantie diminue considérable-ment. Nous n'avons pas besoin de remonter bien haut pour prouver le déficit qu'ils ont subi dans la circulation, puisqu'ils sont tombés dernièrement de 25 p. 0/0.

Les billets de la Banque inspirent une confiance sans doute méritée; mais il peut surgir telle catastrophe commerciale, telle émeute, telle inva-sion que le numéraire, accumulé dans les caves, soit absorbé et même pillé; où sera votre gage alors ? ces billets ne seraient-ils pas changés en ces feuilles de chêne dont parle M. Léon Faucher?

Les Tuileries étaient au moins aussi bien gardées que l'hôtel de la Banque lorsqu'elles ont

été envahies, le 24 février. Reportez-vous à 1814 ;
la Banque, craignant le pillage, brûla ses billets ;
sa réserve descendit à 5 millions ; ses actions
furent négociées à 470 francs, au 8 février de la
même année.

Ainsi que nous venons de le dire, les bons
hypothécaires sont à l'abri de tous ces évenements.
Si les émeutiers ou les cosaques passent sur le
champ hypothéqué, ils n'enlèveront jamais que la
terre qui restera attachée à leurs souliers ; si une
ville est bombardée, il faudrait que les boulets
fussent bien malveillants pour n'attaquer que les
propriétés hypothéquées ; et fussent-elles démolies,
le sol sur lequel elles sont assises serait encore une
garantie suffisante du prêt.

Un autre mérite de la Banque hypothécaire est
de généraliser le crédit et d'étendre sa féconde
influence au dernier des hameaux. Jusqu'à ce jour,
Paris et un très petit nombre de grandes villes,
ont obtenu des comptoirs d'escompte ; les banquiers
et quelques hauts commerçants sont seuls admis à
l'ouverture du crédit. Dans le système foncier,
chaque département, chaque ville, chaque village
est appelé à y participer ; chaque individu offrant
garantie suffisante devient son propre banquier,
sous le patronage et la surveillance de l'Etat.

Voilà ce que veulent empêcher les financiers et
les usuriers ; cela se comprend.

Les habitants des provinces, et surtout les
paysans, n'ont encore reçu de l'Etat que le double
bulletin de l'impôt pécuniaire et du sang ; n'est-il
pas temps enfin qu'ils participent au bénéfice de la
circulation et du crédit, après tant et de si longs

sacrifices? ce droit n'est-il pas d'ailleurs inhérent à la Constitution ?

Pour réduire à néant l'objection tirée du danger qu'il y aurait de jeter immédiatement, dans la circulation, une trop grande quantité de numéraire, nous avons fixé l'émission des bons hypothécaires à un milliard.

Le numéraire devant être proportionnel aux besoins, afin de ne pas déprécier sa valeur, il eût été rationel de laisser déterminer le chiffre de l'émission par le chiffre des besoins de la circulation. Mais il y avait danger d'ouvrir carrière trop large aux spéculations, et l'objection de M. Léon Faucher aurait eu quelque valeur en prétendant qu'une fois engagé dans cette voie on ne s'arrêterait plus. L'expérience seule peut faire augmenter ou diminuer le chiffre de l'émission.

Il y a paralysie universelle dans les transactions et les affaires commerciales; l'insuffisance du numéraire est démontrée par la création anormale de valeurs fictives; voilà ce qu'il est impossible de nier sans mentir à l'évidence. Ces faits démontrés, le principe admis, le débat ne devrait plus rouler que sur le chiffre de l'émission. Examinons donc la valeur du prétendu danger dont on nous menace, et pour être larges avec nos adversaires, ajoutons, si l'on veut, les bons du Trésor et les billets de Banque comme circulation monétaire. Nous aurions:

1º Bons du trésor. . . . . 245 millions.
2º Billets de la Banque de France. . . . . 450 millions.
3º Bons hypothécaires. . . . . 1 . . . milliard.
4º Numéraire en espèces. . . . 2,700 millions.

Total. . . . . 4,395 millions.

Partagés entre 36 millions d'habitants, ces 4 milliards 395 millions de numéraire donneraient à chacun 122 francs par an, ou 33 centimes par jour.

La preuve qu'il n'y aurait pas excédant dans la circulation, nous la trouvons dans les documents officiels des divers hôtels de monnaie établissant qu'en 1845, le chiffre du numéraire circulant en France s'élevait à 4,927,584,117 fr., ou 39 cent. par jour à chaque habitant.

Pour persister dans ces craintes chimériques, il faudrait admettre que les besoins de la France ont considérablement diminué depuis 1845, ce qui n'est pas; ou croire avec M. Thiers, *aux dangers d'une crise effroyable*, en élevant à 33 cent. la part quotidienne de numéraire de chaque individu.

La nécessité d'augmenter le numéraire nous paraît démontrée jusqu'à l'évidence.

D'un autre côté, par le système du crédit foncier nous diminuons la centralisation financière, en dotant chaque département de 11,627,906 fr. de circulation; nous avons dit que c'était un acte d'*équité*.

Nous enlevons au monopole de la finance, qui s'exerce sur 25 milliards de valeurs représentatives, un milliard seulement, à intérêts réduits, au profit de ceux qui sont écrasés par l'usure : c'est un acte *de justice*.

Dans cette combinaison financière, il n'y a donc que nécessité, équité, justice; c'est de plus une conséquence nécessaire de la Constitution, car il est impossible de faire cadrer les principes qui y sont proclamés, avec nos vieux errements financiers.

Depuis 50 ans la Banque fonctionne avec privilége exclusivement au profit du commerce. Croyez-vous qu'il y ait *Fraternité* à refuser le même privilége aux agriculteurs, aux propriétaires qui offrent un gage impérissable ?

Les valeurs mobilières, ou conventionnelles, telles que : métaux précieux, marchandises, effets publics, actions, etc., ont seules le droit de circuler en France à l'état de *signe monétaire* ou *d'agents actifs;* bien qu'elles ne réprésentent que 7 milliards ; tandis que les propriétés foncières, réduites à l'état de capital productif, sont exclues de toute circulation, alors cependant qu'elles représentent en terres. . . . 41,460 millions, et, en maisons bâties. . . . 19,050 millions.

$$\text{Total.} \quad . \quad 60,510 \text{ millions.}$$

Prétendez-vous qu'il y ait *Egalité* à vouloir que 7 milliards commandent et exploitent 60 milliards de valeurs immobilières; est-il juste que le propriétaire d'un bijou, d'une marchandise, etc., etc., puisse se procurer, à l'instant et sans frais, du numéraire, sur simple nantissement, et que le propriétaire d'un champ ou d'une maison soit privé de ce droit ?

Enfin, dans le système du crédit foncier, il y a avantages pour l'*Etat, la terre, l'industrie, et le travail,* pour *tous* enfin.

AVANTAGES POUR L'ÉTAT.

Ces avantages sont de deux natures : *financiers* et *politiques* , en admettant que le milliard de bons hypothécaires soit émis, l'Etat prélevant 3 p. 0/0, encaisse 30 millions, par an, sans imposer aux contribuables de nouveaux sacrifices.

Il applique ces 30 millions d'abord à l'extinction du déficit du Trésor, puis ensuite à la diminution de l'impôt, et cela, à la satisfaction de tous.

Ajoutons que le crédit foncier, en augmentant les échanges, les transactions; en développant toutes les branches commerciales et industrielles ; en ouvrant de nouveaux et vastes canaux financiers, procurera au *fisc* des bénéfices incalculables.

Cette marche ne serait-elle pas préférable à l'expédient ruineux des emprunts?

Les biens de l'Etat sont estimés plusieurs milliards, si, admettant notre système, il émettait 500 millions de bons hypothécaires, donnant en garantie un milliard de ses propriétés désignées par l'assemblée générale, il est évident, que, ne payant pas d'intérêts, il ferait bénéficier, annuellement, le Trésor public de 25 millions, destinés à l'amortissement de ces bons qui seraient complètement remboursés en 20 ans.

Si, au contraire, l'Etat fait un emprunt de 500 millions, en rente 5 p. 0/0, il augmentera de 25 millions, par an, les dépenses du budget; et après avoir payé, dans le cours de vingt années, 500 millions d'intérêts, il n'en devra pas moins les 500 millions de son emprunt.

Au point de vue politique, le gouvernement se popularise par la réduction de l'impôt. La majorité de la nation, assez indifférente aux questions politiques, se préoccupe surtout des améliorations qui doivent en être les conséquences.

Demandez aux 24 millions de paysans ce qu'a fait la République? avant de vous parler du vote universelle, il vous diront : elle a *diminué l'impôt du sel*. Si cette faible compensation des 45 cent. a pu conquérir tant de sympathies, que ne doit-on pas espérer lorsque les paysans, aujourd'hui humiliés, tyrannysés, paralysés par *l'usure*, auront, à 3 p. 0/0, le capital nécessaire pour jouir sans crainte des fruits de leurs labeurs, pour améliorer leurs terres, élever leur famille, augmenter leur *bien-être !*

Le travail des champs, ce père de l'impôt, ne fera pas défaut, au gouvernement, lorsque le cultivateur ne sera plus obligé d'aller vendre, à vils prix, ses denrées, ou une pièce de bétail, pour satisfaire aux charges de l'Etat.

Cette idée seule suffirait pour relever un trône, à plus forte raison pour asseoir et consolider une république qui est le gouvernement de tous et pour tous.

Henri IV eût un règne populaire et toutes les émeutes ont respecté sa statue parce qu'il avait promit LA POULE AU POT ; faites qu'elle puisse éclore, et son premier cri annoncera l'aube du véritable jour de la régénération sociale.

Un gouvernement sage et prévoyant doit prendre l'initiative des réformes nécessitées par les progrès et les besoins de la civilisation, afin de pouvoir les régulariser à son gré ; il y a toujours à réformer, « dit un célèbre publicite, il y a toujours « à améliorer ; réformer toujours en améliorant,

« c'est le moyen de n'avoir à céder jamais. » Si Louis-Philippe avait ajouté seulement les capacités à la liste des électeurs, la révolution de Février n'aurait pas éclaté. Les besoins financiers sont plus impérieux aujourd'hui que ne pouvaient l'être à cette époque les besoins politiques. La sagesse commande donc au pouvoir de faire les réformes financières indispensables, pour ne pas se voir forcé peut-être d'accorder plus qu'il ne voudrait. En basant son système financier sur le crédit foncier, le gouvernement prend son point d'appui sur le pays tout entier ; c'est là seulement qu'il peut trouver PUISSANCE, STABILITÉ et INDÉPENDANCE.

Puissance ! puisqu'il s'appuie sur le sol et sur les bras de 24 millions de travailleurs.

Stabilité ! puisqu'il se crée autant de défenseurs qu'il aura d'intéressés, c'est-à-dire, des millions de paysans, les propriétaires des villes, les fabricants et les ouvriers. On a souvent dit que l'emprunt était un moyen de stabilité pour l'Etat : c'est vrai en principe, mais en application, quels secours peuvent lui offrir ces bons rentiers, pour la plupart veillards paisibles, timorés ou impotents ?

Si le gouvernement avait pour cointéressée la partie saine, vivace, active de la nation, croyez-vous que ce trop célèbre socialiste qui prétendait organiser les ouvriers dans Paris, comme un enfant voudrait ranger en bataille ses petits soldats dans la boîte qui les contient à peine ; croyez-vous, dis-je, que Louis-Blanc aurait pu improviser, en vingt-quatre heures, une armée de deux cent mille hommes ? Non, et pour deux raisons : la première c'est qu'améliorer le sort des habitants des campagnes, c'est les fixer dans les hameaux qui les ont vus naître ; c'est empêcher la centralisation des grandes villes où ils respirent l'air méphitique des émeutes.

La seconde raison c'est que les fabricants, ayant de l'argent, à intérêts réduits, pourraient secourir leurs ouvriers, augmenter au besoin leur salaire, sans être obligés de les jeter sur le pavé ; que ces ouvriers eux-mêmes viendraient défendre un ordre de choses où ils verraient grandir leur petit bien-être.

C'est là le vrai moyen de dissiper cette armée mobile des révolutions, au service de toutes les intrigues et de toutes les ambitions subversives ; voilà la seule manière d'en finir avec les socialistes, sans qu'ils aient droit de se plaindre d'une si belle mort, puisque le *bien-être* des masses est le but et le terme suprême des révolutions.

Indépendance pour l'Etat. « Chacun sent, dit « M. de SISMONDY, en accumulant le numéraire, « que c'est un pouvoir condensé qu'il tient dans « son coffre-fort. » Il ne faut donc pas s'étonner du pouvoir des financiers. Il ne faut pas se dissimuler qu'aujourd'hui, la Banque c'est l'Etat. En raison de ses besoins incessants, le gouvernement est obligé de subir l'omnipotence de la haute finance. Si, par suite d'une combinaison politique que nous ne voulons pas prévoir, il plaisait à la Banque de faire dire aux ministres et au président de la République : Voilà notre plan gouvernemental, si vous n'y souscrivez pas, notre argent étant à peu près rentré dans nos caves, nous liquidons, nous brûlons nos billets et vous chercherez argent et crédit où vous pourrez. Qu'auraient-ils à répondre? rien. M. Thiers avait trop bien compris la puissance de ce levier pour laisser détacher un seul fleuron de la couronne dictatoriale de la Banque. Les ministres étant de son choix, nous sommes rassurés pour le moment; mais la mer est inconstante et les flots sont changeants; mais mais il y a une imprévoyance impardonnable à ne pas faire marcher l'Etat sans le secours des lisières tressées par la veille finance.

AVANTAGES POUR LA TERRE.

Afin de démontrer l'urgence du crédit foncier, faut-il remettre encore sous les yeux les tableaux officiels publiés en 1845 par M. Cunin-Gridaine, alors ministre de l'agriculture? la moyenne des taux et frais des prêts hypothécaires était de 7 1/2 pour 0/0; il y avait des départements, dans l'Arriége, dans l'Orne, où ce chiffre s'élevait à 10 et 12 p. 0/0; dans la Moselle le prêt contracté pour un an coûtait 15 p. 0/0; enfin, le conseil général de la Creuse a déclaré au ministère, que le taux réel des petits emprunts faits par les pauvres cultivateurs s'élevait quelquefois à 100 p. 0/0. Voilà les taux des prêts hypothécaires, faits à la terre, à une époque où nous avions plus de 30 milliards de circulation. Aujourd'hui, que le crédit a presque entièrement disparu, quel doit être le chiffre du prêt? ne le cherchez pas, il n'y en a plus. Un tiers des créances étant arrivées à échéance, les usuriers ont pris un chemin plus court pour atteindre leur but; ils exproprient de toutes parts les emprunteurs, à 100 p. 0/0 de perte. A la vue de ces chiffres scandaleux que l'on aurait honte d'énoncer s'ils n'émanaient pas des organes du pouvoir; en face de ces maux qui dévorent une bonne moitié de la grande famille, vous contenterez-vous encore de cette éternelle et insipide réponse : *il y a quelque chose à faire.* Oui certes, il y a à faire, et beaucoup à faire; mais, hâtez-vous ! car *l'usure* aura bientôt doublé les rangs de l'armée du paupérisme.

Nous n'avons pas besoin de longs développements pour prouver les immenses avantages qui résulteront du crédit foncier, au profit des propriétaires et des cultivateurs. Ils auront *à volonté* non plus comme *service*, mais comme *droit acquis,* la possibilité de se procurer un capital proportionnel aux garanties qu'ils offriront. Ce capital leur sera prêté à 3 p. 0/0 ; ils auront vingt années pour le remboursement. Les propriétés grevées d'hypothèques ruineuses pourront être libérées immédiatement ; le fermier propriétaire participera à l'emprunt par une part destinée à l'amélioration de la terre qu'il cultive.

Voilà ce que nous demandons au nom de la religion qui exige que le frère prête à son frère, même sans espérance : *mutuum date nihil indè sperantes* (Luc, 6, 35); au nom de la justice qui défend à l'homme d'exploiter son semblable ; au nom de l'humanité qui, reconnaissant le travail comme *la propriété la plus sacrée de toutes,* veut que le travailleur puisse vivre du fruit de ses labeurs : voilà ce que nous proposons à l'Etat comme planche de salut de l'agriculture, et au pays, comme l'unique moyen d'arriver à la propérité générale.

Nous l'avons dit, toutes les questions sociales se résument dans l'accroissement des produits du sol : c'est là que nous devons chercher les armes pour combattre la misère : c'est là que nous trouverons les éléments de grandeur, de puissance et de tranquillité pour la nation.

Dans le dernier rapport que M. Moreau de Jonnès a lu à l'Académie, le revenu total de la France, pour la production agricole, végétale et animale, s'est élevé à 7,535,904,000; en partageant ce revenu aux 36 millions d'habitants, nous trouvons 209 fr. 24 c. par tête, tandis qu'en 1840 nous avions 224 fr. annuellement par individu. L'agriculture, loin de progresser en raison de la population, a donc rétrogradé depuis huit années, grâce à l'usure et au défaut de capital qui empêchent les paysans de faire des améliorations.

Ces chiffres, du savant académicien, parlent plus haut que tous les discours mensongers : *à la prospérité toujours croissante.*

Honte à vous, hommes d'Etat égoïstes, ministres imprévoyants, qui avez conduit le pays dans le chemin de sa ruine; que ces chiffres de la *misère toujours croissante* apparaissent, aux jours de vos fêtes, sous les murs de vos palais, comme le *mané-thésel-pharès* du festin de Balthazar; car ces chiffres sont les signes de la décadence de la France : cette décadence, c'est votre œuvre, et cette œuvre, c'est votre honte.

Quant à nous, pauvres pionniers destinés à casser les pierres sur la route de l'avenir, notre devoir est de prouver aux discoureurs qui n'ont jamais connu d'autre culture que celle des arbres du boulevart, comment, à l'aide du crédit foncier, nous augmenterons d'un tiers le revenu territorial de la France. Il nous suffit de nommer des représentants, moins oublieux du clocher de leur village; de choisir des hommes pratiques qui comprendront enfin la puissance fécondante d'un milliard dépensé en défrichements, en irrigations , en prairies artificielles, en éducation de bestiaux, en augmentation d'engrais, en desséchement des marais, en reboisement des montagnes, etc. Oui, ceux-là comprendront comment, en Angleterre, l'hectare de terre rapporte en moyenne 280 fr., tandis qu'en France il ne produit communément que 205 fr., en raison de la différence qui existe dans la circulation des capitaux.

Nous avons encore, en friche, 8 millions d'hectares improductifs à l'impôt, stériles dans la production générale. Pour les mettre en culture, reposez-vous sur le premier mobile de l'espèce humaine, *l'intérêt privé*, faites que le paysan puisse travailler avec fruit, et il travaillera. Vous verrez alors se résoudre un à un, tous ces grands problêmes de l'agriculture dont vous cherchez depuis si long-temps la solution, sans vouloir la trouver. Avant 20 ans, ces 8 millions d'hectares incultes seront fécondés pour augmenter à la fois le revenu du Trésor et accroître la richesse de la France de 12 à 15 milliards.

Mais, tant que les cultivateurs n'auront pas à leur disposition le capital nécessaire, à un taux proportionnel au revenu de leur travail, n'espérez rien; soyez plus francs, ne promettez rien, car vous reconnaissez comme nous l'impossibilité de défricher et d'améliorer la terre en payant 7 1/2 p. 100 Votre devoir serait d'interdire le fou qui tenterait une pareille entreprise : il faut être riche pour faire des améliorations agricoles, et ce n'est pas le riche qui cultive.

A quoi servent alors vos institutions agricoles, vos fermes modèles? tant que le paysan sera dans l'impossibilité d'acheter les instruments aratoires perfectionnés, les engrais indiqués, le bétail dont il a besoin, n'est-ce pas mettre la charrue avant les bœufs?

A quoi bon notre ministre de l'agriculture? non seulement il n'a pas fait pousser un épi de blé de plus, mais depuis la création de ce ministère, le revenu territorial a suivi une période décroissante. Le ministre puissant que les paysans attendent comme la venue du messie: c'est le CAPITAL.

La création du CRÉDIT FONCIER a été demandé, avec instance, depuis 1845, par trente-six conseils généraux, sous le nom de *banque agricole*; comme toujours, leurs voix n'ont pas été écoutées. Celles de 24 millions de cultivateurs seront-elles entendues? Nous l'espérons, car l'heure de la justice est arrivée.

AVANTAGES POUR L'INDUSTRIE ET LE TRAVAIL.

On croit communément, dans le monde, que la BOURSE est le thermomètre du crédit; c'est une erreur? Les jeux de bourse soumis aux influences politiques, aux caprices de L'AGIOT, aux volontés des Rothschild modernes, qui font subir des mouvements de hausse et de baisse aux fonds publics, sans que l'on puisse en tirer de conclusion positive pour ou contre le crédit général.

Il serait difficile, par exemple, d'expliquer d'une manière rationnelle, pourquoi les actions de la Banque sont montées dernièrement de 360 francs en quelques heures; cela s'appelle UN COUP DE BOURSE; rien de plus, rien de moins.

Il serait beaucoup plus vrai de considérer la Banque de France comme le véritable thermomètre du crédit industriel et commercial. Or, si nous jetons un coup d'œil sur ses comptes rendus, il faut remonter jusqu'à 1831 pour trouver une époque où l'industrie et le commerce aient autant souffert.

En 1847, le portefeuille de la Banque s'élevait, en moyenne, à 355 millions; aujourd'hui il est tombé à 134 millions, c'est donc 221 millions de différence dans le mouvement commercial; malheureusement il est probable que cette baisse augmentera encore pendant quelque temps.

Pour tout esprit clairvoyant, ces effets désastreux viennent de ce que le numéraire n'est pas en harmonie avec les besoins de la circulation. La preuve qu'il a cessé d'être en rapport avec l'activité que les transactions ont acquise depuis un demi-siècle, c'est l'accroissement progressif des valeurs fictives. Ce défaut d'équilibre entre l'agent de l'échange et le besoin d'écoulement des produits de l'industrie entraîne nécessairement la perturbation commerciale. Les fabriques et les magasins restent encombrés de marchandises, lorsque les acquéreurs, privés de numéraire, sont dans l'impossibilité de faire des achats.

Pour remédier à ces graves désastres, que proposent les fondateurs du crédit foncier? augmenter le capital d'exploitation du fabricant; réduire, autant que possible, le taux des escomptes; raviver surtout le commerce par une plus grande circulation du numéraire.

Lorsque le fabricant a mis 200,000 francs dans la construction de son usine, ce capital reste mort pour son commerce. Le crédit foncier vient mobiliser 50,000 francs de ce capital inerte. Ce nouveau fonds de caisse est d'autant plus avantageux que l'intérêt à 3 p. 0/0 met à même le fabricant français de soutenir la concurrence étrangère pour ses produits d'exportation.

D'un autre côté, il est évident que des développements du signe monétaire et de sa circulation générale il résultera promptement une surexcitation dans la vente et l'achat. Les moyens de se procurer le *bien-être* ayant pénétré dans toutes les classes de la société, les produits des fabriques trouveront, par l'intermédiaire du commerce, un écoulement rapide et dans une proportion tellement incalculable, que les adversaires de ce système en ont fait un argument contre ce projet.

De l'aisance du fabricant et de la vente de ses produits, découlent naturellement les avantages des ouvriers et du travail. Tout s'enchaîne dans l'ordre social: sans capital, pas de consommation; sans consommation pas de fabricant, sans fabricant pas d'ouvriers.

L'organisation du travail, l'extinction de *l'assis-*

tance qui occupent aujourd'hui tant d'esprits judicieux ; ces deux grands problèmes de Février dont on a cherché inutilement et d'une manière ruineuse la solution, se trouvent résolus par le crédit foncier, en ce qu'il donne au travail l'alimentation dont il a besoin.

« La création d'une banque hypothécaire natio-
« nale, dit M. Crapez, est une nécessité *politique*
« et *sociale* inséparable de la Constitution. Vouloir
« réorganiser le travail sans réorganiser le *crédit*,
« c'est manquer de logique. Le travail et le crédit
« sont les corollaires essentiels et inséparables de
« notre nouveau pacte fondamental ; or, si on peut
« suppléer à *l'argent* par le crédit, on ne peut sup-
« pléer au crédit qu'à l'aide du *gage* ». (Banque immobilière nationale.)

AVANTAGES POUR TOUS.

Plus nous réfléchissons aux bienfaits du crédit foncier, plus nous sommes étonnés de ne pas voir les partis qui s'agitent en France s'emparer de ce système comme base de leur popularité.

Pour faire la guerre, disait un grand conquérant, il faut trois choses : de l'argent, de l'argent et de l'argent. Il en est de même dans les luttes politiques ; si *l'idée* et le *principe* sont de grands moteurs, le *capital* est un levier au moins aussi puissant.

Tous les partis ont avantage à se présenter devant la nation, en offrant aux masses de nouveaux éléments de bonheur et de *bien-être* ; en promettant la réduction de l'impôt, certains cette fois de tenir leur engagement; en assurant aux paysans et aux ouvriers les fruits de leurs travaux, sans être obligés de les tromper par des promesses illusoires ou mensongères.

Le salut de l'Etat, la réduction de l'impôt, la diminution des prix des subsistances, ne sont-elles pas des questions vitales pour tout le monde?

Les riches, les nobles, n'ont-ils pas intérêt aussi à ce que les paysans soient à même de payer régulièrement les fermages et d'améliorer les terres?

Les propriétaires, les rentiers ne sont-ils pas intéressés à ce que les prolétaires puissent vivre sans menacer sans cesse la propriété?

Oui! nous le répétons en terminant ces considérations, l'établissement du crédit foncier est une question éminemment nationale. Comme source de prospérité pour la France, ce système financier doit être accueilli, avec une égale faveur, par tous les partis.

CHAPITRE VI.

OBJECTIONS CONTRE LE CRÉDIT FONCIER.

> Il est plus facile de renverser un trône
> que de détruire un préjugé.
>
> *Le National.*

Certains journaux ont critiqué les fondateurs du crédit foncier sans avoir pris la peine d'étudier leur système ; *le Constitutionnel* et *les Débats*, organes des vieilles coteries, devaient les condamner sans les entendre.

La haute banque voyant son trône menacé s'est défendue *unguibus et rostro* ; les honorables Thiers, Léon Faucher et Goudchaux, vaillants défenseurs de l'aristocratie financière, ont déployé toute leur éloquence contre ce projet.

« Dans la discussion du crédit foncier, dit *la* « *Presse*, M. Thiers a su donner des couleurs si « spécieuses à ce qui n'était *pas vrai*; que cela ex-« plique l'effet produit sur les masses.» Il est fâcheux que ce projet n'ait pas offert à M. Thiers autant de sympathie que le privilége de la Banque de France ; l'honorable n'aurait pas eu besoin de recourir à toutes les ressources de son éloquence prestigieuse pour donner le change à ses auditeurs; il n'aurait pas été dans la nécessité d'évoquer comme une fantasmagorie effrayante les souvenirs odieux de 93 ; ces mots magiques : *échafaud, ban-queroute, assignats* ne seraient pas venus se fondre comme par enchantement dans une brillante leçon d'histoire où les mots *crédit foncier* n'ont pas même été prononcés.

On ne s'attendait guère, dirait le bon Lafontaine, à voir l'*échafaud* dans cette affaire ; s'il y a quelque chose de passé de mode, nous espérons bien que c'est l'échafaud, puisque les montagnards de Février sont les premiers à proclamer l'abolition de la peine de mort.

La *banqueroute*! mais la première idée du crédit foncier a été de sauver l'État de cette banqueroute vers laquelle nos gouvernants marchent d'un pas si ferme, que nous avons tout à craindre de les voir achever cette œuvre de ruine générale. Quant aux *assignats*, nous allons en parler.

Constatons en passant que ces trois mots magiques ont fait tout le succès de M. Thiers. L'Assemblée, pour payer à l'orateur le plaisir si rare d'un beau discours, lui a donné gain de cause ; la camaraderie financière est venue le complimenter, et le tour a été fait avec cette habileté qui rappelait les fameux discours des lois de septembre et des fortifications de Paris. Nous sommes d'autant plus disposés à admirer ce tour de force d'éloquence que la cause était moins belle, mais quand il s'agit du salut du pays, notre admiration n'ira jamais jusqu'à prendre pour des vérités de simples allégations ou des assertions mensongères.

1re OBJECTION.

Des anciens assignats.

A ceux qui n'ont pas, comme l'Assemblée, une foi aussi robuste dans les paroles de M. Thiers, il fallait au moins donner de meilleures raisons que des paradoxes de ce genre : « Ce serait calomnier « l'assignat que de lui comparer le *bon hypothé-* « *caire;* ce bon , c'est l'*assignat* , moins le gage, « moins l'urgence, à moins l'utilité publique. »

Quelle analogie , en effet, y a-t-il entre les *anciens assignats* et les *bons hypothécaires* ? Aucune.

Les anciens assignats, dites-vous, étaient aussi du papier-monnaie hypothéqué. *Du papier*, c'est vrai, mais *hypothéqué* , nous le nions. Ce qui constitue l'hypothèque, ce n'est pas *le nom*, mais bien la valeur et la spécialité *du gage* ; or, quel était le gage des 45 millards d'assignats ? des biens nationaux ou ecclésiastiques dont la propriété était contestée; des terres presque sans valeur, puisque la plupart, restées incultes, ne donnaient pas de revenu. Comment aurait-on pu hypothéquer 45 milliards d'assignats sur ces biens nationaux , quand , en 1788, tout le territoire de la France, ne donnant que 2 milliards 30 millions de revenu, représentait à peine une valeur de 20 milliards ; à plus forte raison en 93, où tous les bras de l'agriculture étaient occupés à défendre nos frontières. La garantie donnée par l'Etat était donc aussi illusoire que l'inscription hypothécaire venant après d'autres qui absorberaient déjà la valeur de la propriété. Vous même, M. Thiers, ne dites-vous pas dans votre *Histoire de la Révolution :* « L'avilissement des as- « signats tenaient à diverses causes : leur quantité « considérable (45 milliards) et l'incertitude de « leur gage qui devait disparaître si la révolution « succombait. » (Tome V, page 159).

L'Etat seul disposait de la planche aux assignats, et comme le chiffre n'était ni limité, ni le gage contrôlé, les hommes du pouvoir en abusaient à leur gré.

Dans l'organisation du crédit foncier le chiffre de l'émission est limité à un milliard.

Les bons hypothécaires ont un gage positif, réel, dérivant d'une affectation spéciale et volontaire. C'est le particulier sous le contrôle d'un jury et la surveillance de l'Etat, qui crée un titre en affectant à sa garantie un gage impérissable, double de la valeur émise.

Entre les anciens assignats et les bons hypothécaires il n'y a d'autre analogie que dans la matière, ou le chiffon, qui entre dans la composition matérielle de l'un et l'autre titre. Si ce prétexte futil peut servir d'argument, pour être conséquents, hâtez-vous de supprimer les titres de rente, les bons du Trésor, les billets de Banque, les inscriptions hypothécaires, qui ont le même point de contact avec l'assignat : le chiffon ! puis, si la banqueroute de 93 est à vos yeux une objection de quelque valeur; comprenez dans votre ostracisme les emprunts dont vous êtes si grands partisans, puisqu'en 93 aussi, l'Etat a fait banqueroute des deux tiers de la rente.

Mais on en abusera, disent MM. Thiers et Léon Faucher. Nous convenons qu'en France on est assez disposé à abuser de tout, même de l'éloquence; mais, si après la cruelle et terrible expérience de 93; une nation, une chambre, un gouvernement sont encore exposés à retomber dans les mêmes erreurs; il faut désespérer de la France et implorer au plus vite la protection du knout des cosaques.

Pour que l'abus fût possible, il faudrait admettre que les propriétaires fussent assez fous pour grever, à plaisir, leurs propriétés d'hypothèques ; que l'Assemblée , sans laquelle aucune nouvelle émission ne peut avoir lieu , fût complice des propriétaires emprunteurs et du gouvernement. Autant vaudrait tenir ce raisonnement ; la première république a commis des excès, donc la seconde doit commettre les mêmes excès; on a abusé des assignats, donc on abusera des bons hypothécaires; le vin enivre, donc il ne faut pas boire de vin.

Comme vous , plus que vous peut-être , nous déplorons les cruels souvenirs, les excès et les abus de 93; mais encore une fois ce sont là des suppositions et non des objections. « Aujourd'hui
« le passé, dit un célèbre publiciste, ne saurait
« être un argument ni pour ni contre rien. Ce
« n'est plus dans la mémoire, mais dans la raison
« qu'il faut puiser des motifs déterminants. Rayons
« donc, de notre dictionnaire, le mot *assignat*;
« laissons-le dormir dans l'histoire où il précède
« ceux-ci : *émigration, échafaud, guerre, massacres.* Les hommes sérieux s'attachent à la
« chose et non au mot. En réalité est-ce que
« les bons du Trésor, les billets de Banque, ne
« sont pas du papier-monnaie. Est-ce qu'en
« Angleterre, en Prusse, en Autriche, dans toute
« l'Europe, la France à peu près seule exceptée,
« le papier-monnaie n'a pas pris la place du numéraire. » *(La Presse).*

2e OBJECTION.

*Pourquoi demander le cours forcé des bons hypo-
thécaires ? on ne décrète pas la confiance ; on
ramenerait le* maximum.

Qu'on ne s'y trompe pas, le cours forcé n'ajoute
rien à la valeur réélle des bons hypothécaires, et,
par contre, rien à la confiance qu'ils méritent ;
mais nous le demandons, du moins temporairement,
comme une arme nécessaire pour triompher des
véritables ennemis du crédit foncier : l'ignorance,
le préjugé, et l'opposition radicale de la finance.

L'ignorance ! nous avons honte de le dire, mais
la généralité des habitants de la France vit dans
l'ignorance complète du mécanisme financier. S'il
fallait en donner la preuve, nous irions la chercher
parmi les élus de la nation dont on a surpris si
facilement la religion dans la plus grave question
financière qui ait jamais été agité dans l'Assemblée
nationale.

Le préjugé ! c'est l'ennemi le plus re-
doutable du crédit foncier ; nous avons apprécié
la difficulté de faire pénétrer l'idée la plus simple dans les esprits prévenus. L'humanité est ainsi
faite ; sans nous apercevoir que nos lois, nos
mœurs, nos usages, ne sont, comme le numéraire,
que des conventions sociales ; il suffit que nous
ayons été bercés avec les mots *or* et *argent* pour
qu'ils restent gravés dans notre cerveau comme
une idée fixe et indélébile. C'est un devoir de plus
pour le gouvernement de nous aider à combattre
le préjugé, comme la religion combat la supersti-

tion ; avec le cours forcé , la presse et l'expérience
auront le temps d'éclairer l'esprit public sur ce
nouveau système financier. Nous nous engageons
à y renoncer du jour où le paysan verra qu'il peut,
avec les bons hypothécaires , comme avec l'argent,
se procurer pain , vin , vêtements , habitation et
payer l'impôt ; car alors , ces bons auront conquis
le rang qu'ils méritent d'occuper, celui du numéraire métallique. Au besoin, nous pourrions limiter
la durée du cours forcé à celle que vous accordez
aux billets de la Banque de France.

Si la confiance ne se décrète pas , elle ne s'im-
provise pas davantage ; c'est au législateur à apprécier les faits ; c'est lui qui doit combattre
l'ignorance et les préjugés d'une nation , en posant
la barrière qui doit servir de régulateur à l'opinion
publique.

Enfin , nous demandons le cours forcé pour
triompher de l'*opposition* systématique des financiers, comme la Banque a demandé, le 15 mars,
le cours forcé de ses billets, afin de paralyser le
complot qui avait été formé d'épuiser le numéraire
de ses caves.

Qu'arriverait-il, en effet, si la Banque, jalouse
de son monopole, si les banquiers, plus jaloux encore de leurs bénéfices , donnaient le mot d'ordre
général de refuser à leurs caisses les bons hypothécaires ; leur règne serait de courte durée , et
cette dépréciation apporterait une complication
fâcheuse au crédit de l'Etat ; ou bien encore, si
les banquiers consentaient à recevoir les bons hypothécaires, ce serait à titre de négociation. Ils de-
viendraient alors un objet d'agiotage ou de spécu-

lation ; ils iraient s'enfouir dans les caisses de la finance , moyennant de gros bénéfices, et ne seraient qu'un nouvel aliment à l'usure qu'il est nécessaire d'extirper du corpssocial.

Les escompteurs s'attacheraient de préférence aux bons hypothécaires et dédaigneraient les signatures du commerce qui ne présentent pas autant de garantie.

Voilà comment, d'une mesure excellente et salutaire, on ferait, sans le cours forcé, une mesure funeste au pays et nuisible au commerce.

Cette observation est si vrai; nous sommes tellement convaincus que les choses se passeraient comme nous l'indiquons , que nos adversaires, soit pour anéantir, soit pour exploiter le système du crédit foncier, consentiraient volontiers à ce qu'on en fît l'expérience sans le cours forcé.

En principe , les bons hypothécaires étant une mesure salutaire et représentant une valeur réelle digne de toute confiance; il faut les entourer de la puissance et de la protection nécessaire pour vaincre les préjugés et les obstacles que nous venons de signaler.

En fait, les billets de Banque d'Angleterre, ceux de la Banque de France en 1805, 1815 et 1848, ont subi l'épreuve des cours forcés sans que leur valeur et le crédit public aient eu à en souffrir. En Danemarck , en Suisse, en Allemagne , etc., le cours forcé des bons hypothécaires n'ont jamais occasionné d'inconvénients. Pourquoi croire qu'il y ait plus de danger pour la France?

Quant au retour du *maximum*, c'est encore une supposition et non une objection sérieuse. Nous répéterons ici la réponse déjà faite à cette crainte chimérique. Le maximum des assignats venait de le nullité du gage et de leur profusion monstrueuse, ce qui est impossible pour les bons hypothécaires : 1° à cause de la solidité du papier et de son chiffre limité ; 2° de l'utilité et de l'opportunité de la mesure qui fera que chacun comprendra la nécessité de prendre ce papier comme on prend le billet de banque ; 3° du concours intéressé des nombreux emprunteurs répandus sur toute la surface de la France ; concours universel qui fera circuler en province le bon hypothécaire beaucoup plus facilement que le billet de banque ; 4° de la facilité avec laquelle le billet de banque a continué à être accepté sans perte malgré le décret qui lui a donné un cours obligatoire ; 5° du droit de se libérer avec cette monnaie envers l'Etat, qui, de son côté, en fera le même usage pour acquitter le traitement des fonctionnaires et les mémoires de ses fournisseus.

Ajoutons que, si l'Etat le veut bien, on pourra, dans les premiers mois de l'émission des bons hypothécaires, échanger les petites coupures contre espèces, dans les bureaux des receveurs généraux et particuliers des divers départements.

3° OBJECTION.

Le numéraire ne manquerait pas à la circulation si la confiance renaissait ; les bons hypothécaires seraient alors inutiles et nous exposeraient au danger de l'exportation de la monnaie métallique à l'étranger.

Nous avons déjà réfuté la première partie de cette objection dans les chapitres 2 et 5. Après avoir démontré par chiffres authentiques l'insuffisance du numéraire en France, nous avons apprécié les espérances peu fondées de voir renaître promptement la confiance publique.

Quant aux dangers de l'importation du numéraire métallique à l'étranger, nous ne comprenons pas trop les motifs de cette préoccupation.

Les bons du Trésor, les billets de Banque de France, les *bank-notes* anglaises, les bons d'Autriche, etc., circulent alternativement dans les divers Etats, soit par une acceptation directe, soit par le change ou par l'escompte chez les grands banquiers de l'Europe. Si les *bank-notes* n'avaient pas cours à l'étranger, que deviendrait le commerce de l'Angleterre, dont le capital circulant est principalement représenté par ce papier; comment Robert-Peel aurait-il pu dire, à l'occasion du libre-échange, en 1845 : « Nous avons dix fois plus de « capitaux que les autres nations, nous pouvons « donc nous lancer dans la libre concurrence étran- « gère avec d'incalculables avantages. » Il est évident qu'il parlait de capital en papier-monnaie, et non en espèces, puisque l'or et l'argent circulant dans les trois royaumes n'est que de 36 millions livres sterling, ou 900 millions français, tandis que nous avons encore en France 2 milliards 700 millions de numéraire.

Pourquoi craindre que les bons hypothécaires ne circulent pas à l'étranger quand ils offrent au porteur beaucoup plus de sécurité et de garantie que les valeurs dont nous venons de faire l'énumération. Les étrangers, et surtout les Anglais, plus habiles financiers que nous, recevront sans difficulté les bons hypothécaires comme le meilleur pâpier que la France leur ait jamais offert.

La principale cause de la disparition de notre numéraire métallique est l'exportation de 100 millions d'espèces expédiées annuellement en Algérie depuis que nous en avons fait la conquête ; rien de plus facile au Gouvernement que de diminuer au moins de moitié cette exportation en faisant participer l'Algérie à l'organisation du crédit foncier.

4ᵉ OBJECTION.

Mais voici venir le cortége des intérêts privés qui se croient lésés par le système du crédit foncier. On nous dit :

Vous ferez du tort aux escompteurs, aux notaires, aux créanciers hypothécaires.

Cela prouverait seulement qu'on ne peut pas faire le bien et le mal tout à la fois, et qu'il est impossible de faire des améliorations sociales sans supprimer des abus. Cherchons donc à apprécier l'importance des préjudices supposés.

Parmi les escompteurs il y a les banquiers honorables et les usuriers. Les banquiers n'ont pas de préjudice essentiel à redouter de la création d'un milliard de bons, ayant cours monétaire, alors que leurs escomptes s'exercent au moins sur 20 milliards de valeurs fictives et commerciales. Les banquiers, d'ailleurs, n'opèrent pas avec les propriétaires et les cultivateurs, au profit desquels fonctionnera plus spécialement le crédit foncier.

Quant aux usuriers ; où est le mal de les empêcher d'exercer leur coupable industrie ? Nous ne leur faisons pas plus de tort que le tribunal qui les condamne pour usure ; pas plus de tort que le gendarme n'en fait au voleur l'orsqu'il l'empêche de voler.

Nous diminuons , il est vrai, les frais et les honoraires des notaires pour les actes d'emprunts hypothécaires ; mais nous compensons largement cette différence par la multitude de ces mêmes actes. En travaillant un peu plus, les notaires gagneront très-probablement davantage que par le passé, car ils auront à refaire, au profit de l'Etat, une grande partie des actes qu'ils ont déjà faits pour les premiers prêteurs.

Aux créanciers hypothécaires, nous dirons : Il n'y a ni injustice ni préjudice causé à rembourser à un prêteur l'intégrité de son capital dont il disposera à son gré. S'il est commode de recevoir 6 p. 0/0 sans travail, comme sans risque, les malheureux emprunteurs sont payés pour ne pas être du même avis.

Puis, nous ajouterons : si l'Etat refuse les bénéfices offerts pour le crédit foncier, il sera bien obligé d'imposer largement les créances hypothécaires , ou le revenu, pour couvrir le déficit du Trésor. M. Goudchaux, notre honorable adversaire, a déjà présenté , dans ce sens , deux projets de loi qui reviendront probablement au premier jour.

CONCLUSION.

AUX ÉLECTEURS.

—

Cultivateurs, propriétaires, commerçants, industriels et ouvriers, si vous voulez que l'Assemblée nationale s'occupe *un peu* de vos affaires, commencez par vous en occuper *beaucoup* vous-mêmes.

L'*usure* est un crime aux yeux de la religion, de la loi et de l'humanité ; c'est votre devoir de nous aider à la détruire.

La *crise financière* ruine la France et tue le travail ; c'est votre intérêt de concourir à la faire cesser. Vos droits politiques sont consacrés par la Constitution ; n'avisez plus qu'aux moyens de participer au capital et à l'*organisation général du crédit*.

Le système du *crédit foncier*, sagement et solidement combiné, peut seul conduire à ces heureux résultats, joignez-vous à nous pour en faire consacrer légitimement l'institution sous forme de banques agricoles et nationales.

Lorsque nous serons réunis pour le vote électoral, signons tous la pétition suivante, que nous remettrons à nos mandataires.

A L'ASSEMBLÉE NATIONALE.

CITOYENS REPRÉSENTANTS,

L'usure, l'absence de crédit et de numéraire entraînent fatalement à leur ruine, l'agriculture, l'industrie et le commerce ; convaincus que notre système financier et les moyens employés jusqu'à ce jour sont impuissants pour remédier à ces graves désastres ; les soussignés, cultivateurs, propriétaires, commerçants, industriels et ouvriers viennent supplier l'Assemblée législative de prendre en considération le moyen que l'opinion publique indique depuis long-temps comme le seul remède efficace : *L'établissement du crédit foncier.*

Déjà un décret dans ce sens a été présenté à l'Assemblée constituante et n'a échoué que devant la lutte acharnée que lui ont livré l'égoïsme et l'intérêt privé ; les soussignés demandent que ce projet, modifié, soit de nouveau soumis aux délibérations de l'Assemblée, espérant qu'un examen plus approfondi lui méritera la sanction des représentants chargés de défendre les véritables intérêts du pays.

Respect, Salut et Fraternité.

FIN.

Imprimerie de LÉAUTEY, rue Saint-Guillaume, 21.

www.ingramcontent.com/pod-product-compliance
Lightning Source LLC
Chambersburg PA
CBHW051231030726
47595CB00003B/849